leicht gemacht

In dieser Reihe erhältlich:

Vegetarisch

Leckeres aus der gesunden Küche

Parragon
Bath • New York • Cologne • Melbourne • Delhi
Hong Kong • Shenzhen • Singapore • Amsterdam

Realisation: Ivy Contract
Fotos: Charlie Paul

Chartist House
15–17 Trim Street
Bath BA1 1HA, UK
www.parragon.com

Realisation der deutschen Ausgabe: trans texas publishing, Köln
Übersetzung: Melanie Schirdewahn, Köln u. a.
Lektorat: Christine Weidenweber, Weibersbrunn
Satz: Jeanette Frieberg, Buchgestaltung | Mediendesign, Leipzig

ISBN: 978-1-4748-0329-8

Printed in China

Hinweis

Sofern die Schale von Zitrusfrüchten benötigt wird, verwenden Sie unbedingt unbehandelte Früchte. Sind Zutaten in Löffeln angegeben, ist immer ein gestrichener Löffel gemeint. Ein Teelöffel entspricht 5 ml, ein Esslöffel 15 ml.

Sofern nicht anders angegeben, wird Vollmilch (3,5 % Fett) verwendet. Es sollte stets frisch gemahlener schwarzer Pfeffer verarbeitet werden.

Bei Eiern und einzelnen Gemüsesorten, z. B. Kartoffeln, verwenden Sie mittelgroße Exemplare. Kinder, ältere Menschen, Schwangere, Kranke und Rekonvaleszenten sollten auf Gerichte mit rohen oder nur leicht gegarten Eiern verzichten.

Die angegebenen Zeiten können von den tatsächlichen leicht abweichen, da je nach verwendeter Zubereitungsmethode und vorhandenem Herdtyp Schwankungen auftreten.

Inhaltsverzeichnis

Einleitung

Einleitung

Immer mehr Menschen entscheiden sich für eine vegetarische Ernährung, weil sie kein Fleisch essen wollen oder von Gammelfleischskandalen und Tierseuchen genug haben. Häufig sind es gesundheitliche Gründe, die eine Ernährungsumstellung bedingen, oder auch Kostengründe, da Fisch und Fleisch erheblich teurer sind als Gemüse.

Das gestiegene Interesse an vorwiegend pflanzlichen Gerichten hat auch zu Veränderungen in der Gastronomie geführt. Küchenchefs beschäftigen sich zunehmend mit vegetarischer Kost und haben eine Vielzahl äußerst kreativer neuer Rezepte entwickelt. Seitdem ist fleischlose Ernährung alles andere als langweilig!

Bei der Umstellung auf vegetarische Kost reicht es jedoch nicht aus, sich einfach auf die Beilagen zu konzentrieren, die dem Körper unter Umständen zu wenig Proteine und andere lebensnotwendige Nährstoffe liefern. Fisch und Fleisch müssen durch protein- und nährstoffreiche pflanzliche Produkte ersetzt werden, wie Hülsenfrüchte, Nüsse, Saaten, Tofu und Milchprodukte.

Falls Sie auf eine dieser Lebensmittelgruppen allergisch reagieren, suchen Sie bitte einen Arzt auf, um sicherzustellen, dass die Ernährungsumstellung nicht etwa negative Konsequenzen für Ihren Körper hat.

Die Rezepte in diesem Buch sind inspiriert von den Küchen der Welt und eignen sich für jedermann – ganz gleich, ob Sie Vegetarier sind, ob Sie Vegetarier als Gäste haben oder ob Sie einfach häufiger auf Fleisch und Fisch verzichten möchten. Achten Sie beim Einkauf auf frische, hochwertige und möglichst saisongerechte Ware, die nicht nur aromatischer, sondern auch nährstoffreicher ist.

Viel Spaß beim Ausprobieren!

Leichte Gerichte & Vorspeisen

Hummus

Leichte Gerichte & Vorspeisen

Zutaten für 8 Personen

- 250 g Kichererbsen, über Nacht in Wasser eingeweicht
- Saft von 2 großen Zitronen
- 150 g Sesampaste (Tahini)
- 2 Knoblauchzehen, zerdrückt
- 4 EL natives Olivenöl extra
- 1 Prise gemahlener Kreuzkümmel
- Salz und Pfeffer
- warmes Pita-Brot, zum Servieren

Zum Garnieren

- 1 TL Paprikapulver
- frisch gehackte glatte Petersilie

So geht's

Die Kichererbsen abtropfen lassen, in einen Topf geben und mit kaltem Wasser bedecken. Aufkochen und 2 Stunden köcheln lassen, bis sie sehr weich sind.

Die Kichererbsen abtropfen lassen, etwas von dem Kochsud zurückbehalten. Einige Erbsen zum Garnieren beiseitelegen und den Rest in einem Mixer glatt pürieren. Nach und nach Zitronensaft und so viel Kochsud zugeben, bis ein dickes Püree entsteht.

Sesampaste, Knoblauch, 3 Esslöffel Olivenöl und Kreuzkümmel zufügen und glatt rühren. Mit Salz und Pfeffer abschmecken.

In eine Schüssel geben und 2–3 Stunden kalt stellen.

Zum Garnieren das restliche Olivenöl mit dem Paprikapulver mischen und über das Hummus träufeln. Mit Petersilie und den beiseitegelegten Kichererbsen bestreuen. Warmes Pita-Brot dazu reichen.

Borschtsch

Leichte Gerichte & Vorspeisen

Zutaten für 6 Personen

- 4 EL Butter
- 1 Zwiebel, in Ringen
- 350 g rohe Rote Beten, in Stiften, und 1 rohe Rote Bete, geraspelt
- 1 Karotte, in Stiften
- 3 Selleriestangen, klein geschnitten
- 2 Tomaten, gehäutet, entkernt und gewürfelt
- 1,5 l Gemüsebrühe
- 1 EL Weißweinessig
- 1 EL Zucker
- 2 EL frisch gehackter Dill
- Salz und Pfeffer
- 100 g Weißkohl, gehobelt
- 150 g saure Sahne, zum Garnieren

So geht's

Die Butter in einem großen Topf zerlassen. Die Zwiebel hineingeben und bei geringer Hitze unter gelegentlichem Rühren 3–5 Minuten weich dünsten. Rote-Bete-Stifte, Karotte, Sellerie und Tomaten zugeben und unter häufigem Rühren 4–5 Minuten garen.

Brühe, Essig und Zucker hinzufügen und 1 Esslöffel Dill in den Topf geben. Mit Salz und Pfeffer abschmecken. Aufkochen, die Hitze reduzieren und 35–40 Minuten köcheln lassen, bis das Gemüse gar ist.

Den Kohl einrühren, abdecken und 10 Minuten köcheln lassen. Die geraspelte Rote Bete samt Saft unterrühren und weitere 10 Minuten garen. In Suppenteller füllen. Mit je 1 Esslöffel saurer Sahne und dem restlichen Dill garnieren.

Auberginendip

Leichte Gerichte & Vorspeisen

Zutaten für 4–6 Personen

- 2 große Auberginen
- 4 EL natives Olivenöl extra
- 2 Knoblauchzehen, sehr fein gehackt
- 4 EL Zitronensaft
- Salz und Pfeffer
- 6 Scheiben geröstetes Weißbrot, zum Servieren

So geht's

Den Backofen auf 180 °C vorheizen. Die Haut der Auberginen mit der Spitze eines scharfen Messers einritzen, ohne das Fleisch zu verletzen. Die Auberginen auf ein mit Backpapier ausgelegtes Backblech legen und 1¼ Stunden im Ofen backen, bis sie weich sind.

Die Auberginen aus dem Ofen nehmen und etwas abkühlen lassen. Halbieren, mit einem Löffel das Fruchtfleisch herausschaben, in eine Schüssel geben und mit einer Gabel vorsichtig zerdrücken.

Nach und nach Olivenöl, Knoblauch und Zitronensaft untermischen. Mit Salz und Pfeffer abschmecken. Mit Frischhaltefolie abdecken und bis zur Verwendung in den Kühlschrank stellen. Mit dem gerösteten Weißbrot servieren.

Guacamole

Leichte Gerichte & Vorspeisen

Zutaten für 4 Personen

- 2 große, reife Avocados
- Saft von 1 Limette oder weniger (je nach Geschmack)
- 2 TL Olivenöl
- ½ Zwiebel, fein gehackt
- 1 frischer grüner Chili, entkernt und fein gehackt
- 1 Knoblauchzehe, zerdrückt
- ¼ TL gemahlener Kreuzkümmel
- 1 EL frisch gehackter Koriander, plus einige Blätter zum Garnieren
- Salz und Pfeffer

So geht's

Die Avocados längs halbieren und die Hälften in entgegengesetzte Richtungen drehen, um sie zu trennen. Den Kern mit einer Messerspitze herausnehmen.

Die Avocadohälften schälen und grob würfeln. In eine Schüssel geben, mit dem Limettensaft beträufeln und das Öl zufügen.

Die Avocados mit einer Gabel zerdrücken, bis die gewünschte Konsistenz – entweder glatt oder grob – erreicht ist. Zwiebel, Chili, Knoblauch, Kreuzkümmel und Koriander unterrühren und mit Salz und Pfeffer abschmecken.

In eine Schüssel geben und sofort servieren, um zu vermeiden, dass sich der Dip verfärbt. Mit Korianderblättern garnieren.

Gesalzene Mandeln

Leichte Gerichte & Vorspeisen

Zutaten für 6–8 Personen

- 250 g Mandeln
- 4 EL natives Olivenöl extra
- grobes Meersalz
- 1 TL Paprikapulver oder gemahlener Kreuzkümmel (nach Belieben)

So geht's

Den Backofen auf 180 °C vorheizen. Die ungeschälten Mandeln in eine Schüssel geben, mit kochendem Wasser begießen und 3–4 Minuten stehen lassen. Etwa 1 Minute in kaltes Wasser geben, dann in einem Sieb gut abtropfen lassen. Anschließend die Mandeln zwischen den Fingern aus der Haut drücken und auf Küchenpapier trocknen lassen.

Das Olivenöl auf einem Backblech erhitzen, das Blech schwenken, sodass sich das Olivenöl gleichmäßig auf dem Boden verteilt. Die Mandeln zugeben, im Olivenöl wenden, gleichmäßig damit überziehen und nebeneinander ausbreiten.

Die Mandeln im Ofen etwa 20 Minuten goldbraun rösten. Zwischendurch mehrmals wenden. Dann auf Küchenpapier abtropfen lassen und in eine Schüssel geben.

Die noch warmen Mandeln mit reichlich Meersalz und Paprika oder Kreuzkümmel bestreuen und gut mischen. Die Mandeln warm oder kalt servieren. Sie schmecken am besten frisch geröstet, können jedoch 3 Tage in einer luftdichten Dose aufbewahrt werden.

Marinierte Oliven

Leichte Gerichte & Vorspeisen

Zutaten für 8 Personen

- 500 g große grüne Oliven mit Stein, abgetropft
- 4 Knoblauchzehen
- 1 kleine Zitrone
- 2 TL zerstoßene Koriandersamen
- 4 Thymianzweige
- 4 Spitzen Fenchelgrün
- 2 kleine, frische rote Chilis (nach Belieben)
- Pfeffer
- natives Olivenöl extra, zum Begießen
- knuspriges Brot, zum Servieren

So geht's

Die Oliven auf ein Hackbrett legen und mit einem Teigroller oder einem Fleischklopfer leicht bearbeiten, sodass sie ein wenig aufplatzen und die Aromen der Marinade gut aufnehmen können. Oder die Oliven mit einem scharfen Messer längs bis zum Stein einschneiden. Die Knoblauchzehen mit der breiten Seite der Messerklinge zerdrücken. Die Zitrone in kleine Stücke schneiden.

Oliven, Knoblauch, Zitronenstücke, Koriandersamen, Thymian, Fenchel und nach Belieben Chilis in eine große Schüssel geben und mischen. Mit Pfeffer würzen. Kein Salz zufügen, da die Oliven meist salzig genug sind. Alle Zutaten in ein Schraubglas füllen. So viel Olivenöl hineingießen, dass die Oliven bedeckt sind. Das Glas gut verschließen.

Die Oliven bei Zimmertemperatur 24 Stunden stehen lassen, dann im Kühlschrank mindestens 1 Woche, besser 2 Wochen marinieren. Ab und zu das Glas schütteln. Vor dem Servieren die Oliven bei Zimmertemperatur etwa 1 Stunde stehen lassen, dann aus dem Öl nehmen. Cocktailspieße bereitstellen. Knuspriges Brot dazu reichen.

Soupe au Pistou

Leichte Gerichte & Vorspeisen

Zutaten für 4 Personen

- 1 l kaltes Wasser
- 1 Bouquet garni aus Petersilienstängel, Thymianzweig und 1 Lorbeerblatt, zusammengebunden
- 2 Selleriestangen, gehackt
- 3 kleine Porreestangen, gehackt
- 4 kleine Karotten, gehackt
- 150 g neue Kartoffeln, abgebürstet, in mundgerechten Stücken
- 4 EL frische dicke Bohnen oder Erbsen, gepalt
- 200 g Cannellini- oder Flageoletbohnen aus der Dose, abgespült und abgetropft
- 3 Köpfe Pak Choi, in mundgerechten Stücken
- 150 g Rucola
- Pfeffer

Pistou

- 2 große Handvoll frisches Basilikum
- 1 grüner Chili, entkernt
- 2 Knoblauchzehen
- 4 EL natives Olivenöl extra
- 1 TL frisch geriebener Parmesan

So geht's

Das Wasser mit dem Bouquet garni, Sellerie, Porree, Karotten und Kartoffeln in einem großen Topf zum Kochen bringen. Dann die Hitze reduzieren und das Gemüse 10 Minuten köcheln.

Die dicken Bohnen oder Erbsen sowie die Dosenbohnen zugeben und alles nochmals 10 Minuten köcheln. Pak Choi, Rucola und Pfeffer zufügen und weitere 2–3 Minuten köcheln. Dann das Bouquet garni entfernen.

Unterdessen für das Pistou Basilikum, Chili, Knoblauch und Öl in einer Küchenmaschine zu einer dicken Paste pürieren. Den Käse einrühren.

Das Pistou bis auf 4 Teelöffel in die Suppe rühren und diese dann auf angewärmte Suppenschalen verteilen. Mit je 1 Teelöffel Pistou dekorieren und servieren.

Brunnenkressesuppe

Leichte Gerichte & Vorspeisen

Zutaten für 4 Personen

- 200 g Brunnenkresse (etwa 2 Bund)
- 3 EL Butter
- 2 Zwiebeln, gehackt
- 250 g Kartoffeln, grob gehackt
- 1,25 l Gemüsebrühe oder Wasser
- Salz und Pfeffer
- frisch geriebene Muskatnuss (nach Belieben)
- 125 g Crème fraîche, Joghurt oder saure Sahne

So geht's

Die Blätter der Brunnenkresse von den Stängeln trennen und beiseitestellen. Die Stängel grob hacken.

Die Butter bei mittlerer Hitze in einem großen Topf zerlassen. Die Zwiebeln zufügen und 4–5 Minuten weich dünsten, aber nicht bräunen.

Die Kartoffeln zufügen und gründlich mit den Zwiebeln vermengen, dann die Kressestängel einrühren und Brühe oder Wasser zugießen. Aufkochen, dann die Hitze reduzieren, den Topf abdecken und die Suppe 15–20 Minuten köcheln, bis die Kartoffeln gar sind.

Die Kresseblätter einrühren und alles gründlich erwärmen. Dann die Suppe vom Herd nehmen und mit dem Pürierstab oder im Mixer pürieren. Anschließend erneut erwärmen und mit Salz und Pfeffer sowie nach Belieben mit Muskatnuss abschmecken.

Die fertige Suppe in vorgewärmte Schalen füllen und jeweils mit 1 Esslöffel Crème fraîche, Joghurt oder saurer Sahne garniert servieren.

Bruschetta mit Tomaten

Leichte Gerichte & Vorspeisen

Zutaten für 4 Personen

- 8 Scheiben Ciabatta
- 4 Knoblauchzehen, halbiert
- 8 Eiertomaten, gehäutet und in Stücken
- Salz und Pfeffer
- natives Olivenöl extra, zum Beträufeln
- frisches Basilikum, zum Garnieren

So geht's

Den Backofengrill vorheizen. Das Brot von beiden Seiten kurz rösten. Jede Scheibe mit einer halben Knoblauchzehe einreiben und abermals kurz unter den Grill legen.

Die Tomatenstücke auf dem Brot verteilen. Mit Salz und Pfeffer bestreuen und mit Olivenöl beträufeln. Mit Basilikum garnieren und servieren.

Weiße-Bohnen-Suppe

Zutaten für 4 Personen

- 200 g weiße Bohnen, über Nacht in kaltem Wasser eingeweicht
- 1,5 l Gemüsebrühe
- 120 g Corallini, Conchigliette oder andere Suppennudeln
- 100 ml Olivenöl
- 2 Knoblauchzehen, fein gehackt
- 4 EL frisch gehackte glatte Petersilie
- Salz und Pfeffer
- frisch geröstetes Brot, zum Servieren

So geht's

Die Bohnen abgießen, abtropfen lassen und in einen großen Topf geben. Die Brühe zugießen und aufkochen. Den Deckel halb auflegen, die Hitze reduzieren und 2 Stunden köcheln, bis die Bohnen gar sind.

Die Hälfte der Bohnen und etwas Brühe in einem Mixer oder einer Küchenmaschine glatt pürieren. Das Püree wieder in den Topf geben und gut unterrühren. Die Suppe wieder aufkochen.

Die Nudeln zugeben, erneut aufkochen und 10 Minuten köcheln, bis sie gar sind.

Unterdessen 4 Esslöffel Öl in einem kleinen Topf erhitzen. Den Knoblauch zufügen und bei schwacher Hitze 4–5 Minuten unter häufigem Rühren goldbraun dünsten. Knoblauchmischung und Petersilie zur Suppe geben. Mit Salz und Pfeffer abschmecken und in vorgewärmte Suppenschalen füllen. Mit dem restlichen Öl beträufeln und mit frisch geröstetem Brot sofort servieren.

Chinesische Pilzsuppe

Zutaten für 4 Personen

- 20 g Mu-err-Pilze
- 120 g chinesische Eiernudeln
- 2 TL Pfeilwurzelmehl oder Speisestärke
- 1 l Gemüsebrühe
- 5-cm-Stück frische Ingwerwurzel, in Scheiben
- 2 EL dunkle Sojasauce
- 2 TL Mirin oder süßer Sherry
- 1 TL Reisessig
- 4 kleine Köpfe Pak Choi, halbiert
- Salz und Pfeffer
- gehackter Schnittlauch oder Chinalauch, zum Garnieren

So geht's

Die Pilze in einer hitzebeständigen Schüssel mit kochendem Wasser bedecken und etwa 20 Minuten einweichen. Unterdessen die Nudeln nach Packungsangabe kochen. Die Nudeln abgießen, kalt abschrecken und zum Abtropfen beiseitestellen.

Die Pilze durch ein mit Musselin ausgelegtes Sieb gießen, die Flüssigkeit auffangen. Das Pfeilwurzelmehl in einen Wok oder großen Topf geben, langsam die Pilzflüssigkeit zugießen und einrühren. Die Pilze je nach Größe ganz lassen oder in Streifen schneiden. Gemüsebrühe, Ingwerscheiben, Sojasauce, Mirin, Reisessig, Pilze und Pak Choi zugeben und unter ständigem Rühren aufkochen. Die Hitze reduzieren und 15 Minuten köcheln lassen.

Mit Salz und Pfeffer abschmecken – aber Vorsicht, die Sojasauce ist bereits recht salzig. Die Ingwerscheiben mit einem Schaumlöffel entfernen.

Die Nudeln auf vier Schalen verteilen, die Suppe darübergeben und mit Schnittlauch garnieren.

Gemischter Salatteller

Zutaten für 4–6 Personen

Selleriesalat
- 1 großes Eigelb
- 1 EL Dijon-Senf
- ½ TL Rotweinessig
- 150 ml Sonnenblumenöl
- Salz und Pfeffer
- 1½ TL Zitronensaft
- 1 TL Salz
- 1 große Sellerieknolle

Karottensalat
- 450 g Karotten, geraspelt
- 2 EL Olivenöl
- 2 EL frisch gepresster Orangensaft
- Salz und Pfeffer
- 2 EL fein gehackte Mandeln
- 1 EL frisch gehackte glatte Petersilie

Rote-Bete-Salat
- 400 gekochte Rote Beten, geschält und gewürfelt
- 2 EL Vinaigrette
- 1 EL frische Schnittlauchröllchen

Zum Servieren
- Baguettescheiben
- Butter

So geht's

Für die Mayonnaise Eigelb, Senf und Essig in einer Küchenmaschine verquirlen. Anschließend das Öl bei laufendem Motor tröpfchenweise zufügen, bis die Mayonnaise eindickt. Das restliche Öl kann nun rascher zugegossen werden. Die fertige Mayonnaise mit Salz und Pfeffer abschmecken, in eine Schüssel geben, abdecken und kalt stellen.

Zitronensaft und Salz in eine Schüssel mit Wasser geben. Den Sellerie schälen, raspeln und in das gesäuerte Wasser geben, damit er sich nicht verfärbt. Den Sellerie abgießen und ausdrücken, zur Mayonnaise geben und vermengen. Den Salat 20 Minuten ziehen lassen und abschmecken.

Die Karotten mit Öl und Orangensaft vermengen und mit Salz und Pfeffer abschmecken. Den Salat bis zur weiteren Verwendung kalt stellen. Mandeln und Petersilie erst kurz vor dem Servieren unterheben.

Die Roten Beten in eine Schüssel geben und gut mit der Vinaigrette vermengen. Den Salat bis zur weiteren Verwendung kalt stellen. Die Schnittlauchröllchen erst kurz vor dem Servieren einrühren.

Sellerie-, Karotten- und Rote-Bete-Salat auf Salattellern portionsweise anrichten und mit reichlich Baguette und Butter servieren.

Knoblauchchampignons

Leichte Gerichte & Vorspeisen

Zutaten für 6 Personen

- 500 g Champignons
- 75 ml Olivenöl
- 2 Knoblauchzehen, fein gehackt
- 1 Spritzer Zitronensaft
- Salz und Pfeffer
- 4 EL frisch gehackte Petersilie
- Zitronenspalten, zum Garnieren
- Baguette, zum Servieren

So geht's

Die Champignons mit einem Tuch abreiben und die Stiele dicht am Hut abschneiden. Große Champignons halbieren oder vierteln. Das Olivenöl in einer gusseisernen Pfanne erhitzen. Den Knoblauch darin etwa 30–60 Sekunden leicht bräunen. Die Champignons zufügen und bei starker Hitze und häufigem Rühren dünsten, bis die Pilze das gesamte Öl aufgenommen haben.

Auf schwache Hitze herunterschalten. Wenn die Pilzflüssigkeit ausgetreten ist, wieder hochschalten und weitere 4–5 Minuten unter Rühren schmoren, bis der Saft verdampft ist. Den Zitronensaft zugeben und nach Belieben mit Salz und Pfeffer würzen. Die Petersilie untermischen und kurz erhitzen.

Die Champignons in eine vorgewärmte Schale füllen. Mit Zitronenspalten garnieren und heiß oder warm servieren. Dazu Baguette reichen.

Gefüllte Auberginenrollen

Leichte Gerichte & Vorspeisen

Zutaten für 4 Personen

- 1 Aubergine
- 4 EL natives Olivenöl extra
- 400 g gehackte Tomaten mit Kräutern, aus der Dose
- 120 g Mozzarella, gerieben
- 1 EL frisch gehacktes Basilikum, plus einige Blätter zum Garnieren

So geht's

Den Backofen auf 200 °C vorheizen. Die Aubergine in acht Längsscheiben schneiden, mit dem Öl bestreichen und auf ein Backblech legen. 10 Minuten backen, aber nicht zu weich werden lassen. Unterdessen die Tomaten in einem Topf erhitzen. Die Auberginenscheiben aus dem Ofen nehmen und Mozzarella und Basilikum darauf verteilen.

Die Scheiben aufrollen und in einer Lage in eine flache Auflaufform legen. Die Tomaten darübergeben und im Ofen 10 Minuten backen, bis die Sauce köchelt und der Käse zu schmelzen beginnt.

Die Auberginenrollen aus dem Ofen nehmen und vorsichtig auf eine Platte heben. Mit Basilikumblättern garnieren und heiß servieren.

Zucchinipuffer mit Joghurtdip

Leichte Gerichte & Vorspeisen

Zutaten für 4 Personen

- 2–3 Zucchini (à 400 g)
- 1 Knoblauchzehe, zerdrückt
- 3 Frühlingszwiebeln, in feinen Ringen
- 150 g Feta, zerbröckelt
- 2 EL frisch gehackte Petersilie
- 2 EL frisch gehackte Minze
- 1 EL frisch gehackter Dill
- ½ TL frisch geriebene Muskatnuss
- 2 EL Mehl
- Pfeffer
- 2 Eier
- 6 EL natives Olivenöl extra
- 1 Zitrone, in Spalten, zum Garnieren

Joghurtdip

- 250 g griechischer Joghurt
- ½ Salatgurke, gehackt
- 1 EL frisch gehackter Dill
- Pfeffer

So geht's

Die Zucchini auf ein sauberes Küchentuch fein raspeln und mit einem zweiten Tuch bedecken. Fest andrücken und 10 Minuten stehen lassen, bis die Zucchini nicht mehr wässern.

Unterdessen für den Dip Joghurt, Gurke, Dill und Pfeffer in einer Schüssel vermengen. Abdecken und kalt stellen.

Die Zucchini in eine große Schüssel füllen. Mit Knoblauch, Frühlingszwiebeln, Feta, Kräutern, Muskat, Mehl und Pfeffer vermengen. Die Eier in einer separaten Schüssel verquirlen, dann unter die Zucchinimasse heben. Die Mischung muss noch etwas klumpig und grob aussehen.

Das Öl in einem großen, breiten Topf bei mittlerer Hitze erwärmen. Je 4 Esslöffel der Zucchinimischung in die Pfanne geben, dabei ein wenig Platz zwischen den Häufchen lassen. Die Puffer 2–3 Minuten von jeder Seite braten, herausnehmen, auf Küchenpapier abtropfen lassen und warm stellen. Die zweite Partie Puffer auf dieselbe Weise zubereiten (ergibt insgesamt 8 Puffer).

Die Zucchinipuffer heiß mit dem Dip und garniert mit Zitronenspalten servieren.

Käse-Kräuter-Soufflés

Leichte Gerichte & Vorspeisen

Zutaten für 6 Soufflés

- 4 EL Butter, plus etwas zerlassene Butter zum Einfetten
- 50 g Mehl
- 150 ml Milch
- 250 g Ricotta
- 4 Eigelb
- 2 EL frisch gehackte Petersilie
- 2 EL frisch gehackter Thymian
- 1 EL frisch gehackter Rosmarin
- Salz und Pfeffer
- 6 Eiweiß
- 250 g Schlagsahne
- 100 g Parmesan, frisch gerieben
- gebratene Pilze, zum Servieren

So geht's

Den Backofen auf 180 °C vorheizen. Sechs kleine Soufflé-Formen (10 cm Ø) gut mit zerlassener Butter einfetten. Die Butter in einem mittelgroßen Topf zerlassen, das Mehl hinzufügen und unter ständigem Rühren 30 Sekunden anschwitzen. Bei geringer Hitze die Milch zugießen und rühren, bis die Masse eindickt, und noch einmal 30 Sekunden kochen. Den Topf vom Herd nehmen und den Ricotta dazugeben. Eigelb und Kräuter unterheben und mit Salz und Pfeffer würzen.

Das Eiweiß in einer Schüssel steif schlagen und vorsichtig unter die Ricottamasse ziehen. Die Formen bis knapp unter den Rand füllen und auf ein tiefes Backblech setzen. Das Backblech bis auf halbe Höhe der Formen mit Wasser füllen. Im Ofen 15–20 Minuten backen, bis die Soufflés aufgegangen und goldbraun sind. 10 Minuten abkühlen lassen und vorsichtig aus den Formen lösen. In eine leicht eingefettete flache Auflaufform setzen.

Die Backofentemperatur auf 200 °C erhöhen. Die Sahne gleichmäßig über die Soufflés gießen, mit Parmesan bestreuen und weitere 15 Minuten im Ofen backen. Sofort heiß mit frisch gebratenen Pilzen servieren.

Feigen mit Blauschimmelkäse

Leichte Gerichte & Vorspeisen

Zutaten für 6 Personen

- 12 reife Feigen
- 350 g spanischer Blauschimmelkäse, z. B. Picós, zerkrümelt
- natives Olivenöl extra, zum Beträufeln

Karamellisierte Mandeln

- 100 g feiner Zucker
- 120 g ganze Mandeln, abgezogen oder mit Schale
- Butter, zum Einfetten

So geht's

Für die karamellisierten Mandeln den Zucker in einem Topf auf mittlerer Stufe erhitzen und rühren, bis er schmilzt, goldbraun wird und Bläschen bildet.

Vom Herd nehmen, die Mandeln einzeln hineingeben und rasch mit einer Gabel wenden, bis sie überzogen sind. Falls die Masse hart wird, den Topf wieder auf den Herd stellen. Jede karamellisierte Mandel sofort auf ein dünn mit Butter bestrichenes Backblech legen. Abkühlen und aushärten lassen.

Zum Servieren die Feigen halbieren und auf jeden Teller vier Hälften geben. Einige Mandeln zum Garnieren beiseitelegen, die restlichen grob hacken. Den Blauschimmelkäse auf die Teller verteilen und mit den gehackten Mandeln bestreuen, dann mit den ganzen Mandeln garnieren. Die Feigen mit Öl beträufeln.

Variation

Die Feigen können auch durch geschälte Birnen ersetzt werden.

Süßkartoffelpuffer

Leichte Gerichte & Vorspeisen

Zutaten für 4 Personen

- 600 g Süßkartoffeln, geschält und gerieben
- 1 Ei, leicht verquirlt
- 40 g Mehl
- 70 g Butter, zerlassen
- 100 g Feta, zerkrümelt
- 3 EL frisch gehackte Minze
- Salz und Pfeffer
- 1 EL Speiseöl

Zum Garnieren

- 4 EL saure Sahne
- 2 EL frisch gehackte Petersilie

So geht's

Den Backofen auf 160 °C vorheizen. Ein Backblech mit Backpapier auslegen. Süßkartoffeln mit Ei, Mehl, Butter, Feta und Minze sorgfältig mischen. Mit Salz und Pfeffer würzen.

Das Öl in einer großen, beschichteten Pfanne erhitzen und bei mittlerer Hitze esslöffelgroße Portionen der Kartoffelmischung in die Pfanne setzen, leicht flach drücken und von beiden Seiten goldbraun braten.

Die Süßkartoffelpuffer auf das Backblech legen und im Ofen 15 Minuten knusprig backen. Je 2 Süßkartoffelpuffer auf einem Servierteller anrichten, mit 1 Esslöffel saurer Sahne garnieren und mit der Petersilie bestreuen. Sofort servieren.

Gemüsepasteten

Leichte Gerichte & Vorspeisen

Zutaten für 12 Pasteten

- Butter, zum Einfetten
- 12 fertige Blätterteig-pasteten
- 2 EL Olivenöl
- 1 rote Paprika, gewürfelt
- 1 Knoblauchzehe, zerdrückt
- 1 kleine Zwiebel, fein gehackt
- 250 g reife Tomaten, gehackt
- 1 EL frisch gezupftes Basilikum
- 1 TL frischer oder ½ TL getrockneter Thymian
- Salz und Pfeffer
- grüner Salat, zum Servieren

So geht's

Den Backofen auf 200 °C vorheizen und 1–2 Backbleche dünn einfetten.

Die Blätterteigpasteten auf die Backbleche setzen.

Das Öl in einer Pfanne erhitzen, Paprika, Knoblauch und Zwiebel zufügen und 3 Minuten weich dünsten.

Tomaten, Kräuter und Gewürze zugeben und gut vermengen. Die Mischung auf die Blätterteigpasteten verteilen.

Etwa 5 Minuten backen, bis das Gemüse heiß ist. Sofort mit grünem Salat servieren.

Grüner Spargel mit Butter

Leichte Gerichte & Vorspeisen

Zutaten für 2 Personen

- 16–20 Stangen grüner Spargel
- 100 g Butter, zerlassen
- grobes Meersalz und Pfeffer, zum Servieren

So geht's

Den Spargel an den unteren Enden etwas schälen, wenn er zu hart ist. Die Stangen entweder mit Küchengarn zu einem Bündel binden, sodass sie sich später leichter aus dem Topf heben lassen, oder einen Siebeinsatz verwenden.

In einem Topf Salzwasser zum Kochen bringen und den Spargel hineingeben. Bei geschlossenem Deckel 4–5 Minuten kochen. Eine Stange am unteren Ende mit einem scharfen Messer einschneiden. Wenn sie gerade weich ist, den Topf sofort von der Platte nehmen. Den Spargel nicht zu weich kochen, da sonst die zarten Spitzen abfallen.

Den Spargel sorgfältig abtropfen lassen. Auf großen vorgewärmten Tellern anrichten und mit einem Teil der Butter begießen. Die restliche Butter in eine Schale gießen. Sowohl Butter als auch Spargel sollten eher warm als heiß sein. Mit Meersalz und Pfeffer servieren.

Hülsenfrüchte, Nüsse & Tofu

Gemüse-Linsen-Bolognese

Hülsenfrüchte, Nüsse & Tofu

Zutaten für 4 Personen

- 1 TL Pflanzenöl
- 1 TL Knoblauch, fein gehackt
- 50 g Zwiebeln, fein gehackt
- 50 g Porree, fein gehackt
- 50 g Sellerie, fein gehackt
- 50 g grüne Paprika, fein gehackt
- 50 g Karotten, fein gehackt
- 50 g Zucchini, fein gehackt
- 100 g Champignons, gewürfelt
- 5 EL Rotwein
- 400 g gehackte Tomaten aus der Dose
- 1 Prise getrockneter Thymian
- 4 EL gekochte Puy-Linsen oder grüne Linsen
- Salz und Pfeffer
- 2 TL Zitronensaft
- 1 TL Zucker
- 3 EL frisch gehacktes Basilikum, plus etwas mehr zum Garnieren
- frisch gekochte Spaghetti, zum Servieren

So geht's

Das Öl in einer Pfanne auf niedriger Stufe erhitzen und den Knoblauch darin andünsten, bis er goldbraun ist. Das Gemüse mit Ausnahme der Champignons hineingeben und bei mittlerer Hitze unter gelegentlichem Rühren 10–12 Minuten garen, bis die Flüssigkeit verkocht ist.

Pilze und Wein zufügen und auf hoher Stufe 2 Minuten kochen. Die Tomaten abgießen und den Saft auffangen. Das Tomatenfleisch beiseitestellen. Thymian und Tomatensaft in die Gemüsepfanne geben und kochen, bis sich die Flüssigkeit um die Hälfte reduziert hat.

Die Linsen zufügen und mit Salz und Pfeffer abschmecken. Das Tomatenfleisch einrühren und weitere 3–4 Minuten kochen. Die Pfanne vom Herd nehmen und Zitronensaft, Zucker und Basilikum einrühren.

Das Gericht mit Basilikum garnieren und mit Spaghetti servieren.

Variation

Werden noch Kidneybohnen und Chiliflocken hinzugefügt, wird aus dem Gericht ein Linsen-Bohnen-Chili.

Pikante Linsen mit Spinat

Hülsenfrüchte, Nüsse & Tofu

Zutaten für 4–6 Personen

- 2 EL Olivenöl
- 1 große Zwiebel, fein gehackt
- 1 große Knoblauchzehe, zerdrückt
- ½ EL gemahlener Kreuzkümmel
- ½ EL Ingwerpulver
- 250 g Puy-Linsen oder grüne Linsen
- 600 ml Gemüsebrühe
- 2 EL frische Minzeblätter
- 1 EL frische Korianderblätter
- 1 EL frische glatte Petersilienblätter
- 100 g junge Spinatblätter
- frisch gepresster Zitronensaft
- Salz und Pfeffer
- fein abgeriebene Zitronenschale, zum Garnieren

So geht's

Das Öl auf mittlerer Stufe in einer Pfanne erhitzen. Die Zwiebel unter Rühren darin 6 Minuten dünsten. Knoblauch, Kreuzkümmel und Ingwer einrühren und so lange dünsten, bis die Zwiebel braun wird.

Die Linsen einrühren. So viel Brühe zugießen, dass die Linsen 2,5 cm hoch bedeckt sind. Die Hitze reduzieren und die Linsen 20 Minuten köcheln lassen, bis sie gar sind.

Unterdessen Minze, Koriander und Petersilie fein hacken.

Bei Bedarf noch etwas Brühe in die Pfanne gießen. Den Spinat zufügen und unter Wenden zusammenfallen lassen. Minze, Koriander und Petersilie zufügen. Das Gericht mit Zitronensaft, Salz und Pfeffer abschmecken, in eine Schüssel füllen und mit Zitronenschale garniert servieren.

Gemüsecurry mit Küchlein

Hülsenfrüchte, Nüsse & Tofu

Zutaten für 4 Personen

- 200 g Karotten, in Stücken
- 300 g Kartoffeln, geviertelt
- 2 EL Pflanzenöl
- 1½ TL Kreuzkümmelsamen
- Samen von 5 Kardamomkapseln
- 1½ TL Senfkörner
- 2 Zwiebeln, gerieben
- 1 TL gemahlene Kurkuma
- 1 TL gemahlener Koriander
- 1 Lorbeerblatt
- 1½ TL Chilipulver
- 1 EL frisch geriebene Ingwerwurzel
- 2 Knoblauchzehen, zerdrückt
- 250 g passierte Tomaten
- 250 ml Gemüsebrühe
- 120 g Erbsen, Tiefkühlware aufgetaut
- 120 g Blattspinat, Tiefkühlware aufgetaut
- Salz

Kichererbsenküchlein

- 250 g Kichererbsenmehl
- 1 TL Salz
- ½ TL Speisenatron
- 400 ml Wasser
- Pflanzenöl

So geht's

Für die Küchlein Mehl, Salz und Natron in eine Schüssel sieben. In die Mitte eine Mulde drücken und das Wasser hineingeben. Alles verrühren, bis ein weicher Teig entsteht. 15 Minuten ruhen lassen.

So viel Öl in einer Pfanne bei mittlerer Hitze erwärmen, dass es den Boden der Pfanne bedeckt. Kleine Teigmengen mit etwas Abstand in die Pfanne geben. 3 Minuten braten, wenden und auch die andere Seite goldgelb braten. Im vorgeheizten Ofen warm halten.

Für das Curry Karotten und Kartoffeln in einem Topf mit Dämpfeinsatz bissfest garen.

Das Öl in einem Topf bei mittlerer Hitze erwärmen und Kreuzkümmel, Kardamom und Senfkörner darin rösten. Wenn sie dunkel werden und zu zischen beginnen, die Zwiebeln zugeben und halb abgedeckt unter häufigem Rühren 10 Minuten goldgelb dünsten.

Restliche Gewürze, Ingwer und Knoblauch zufügen und alles 1 Minute braten. Tomaten, Brühe, Kartoffeln und Karotten zugeben und 10–15 Minuten mitgaren. Erbsen und Spinat zufügen und alles weitere 2–3 Minuten garen. Mit Salz abschmecken und mit den warmen Küchlein servieren.

Toskanischer Bohneneintopf

Hülsenfrüchte, Nüsse & Tofu

Zutaten für 4 Personen

- 2 EL natives Olivenöl extra
- 1 große Fenchelknolle, in schmalen Streifen
- 1 rote Zwiebel, in kleinen Spalten
- 2–4 Knoblauchzehen, in Scheiben
- 1 frischer grüner Chili, entkernt und gehackt
- 1 Aubergine (250 g), in kleinen Stücken
- 2 EL Tomatenmark
- 450–600 ml Gemüsebrühe
- 500 g reife Tomaten
- 1 EL Balsamico-Essig
- einige frische Oreganozweige
- 400 g Borlotti-Bohnen aus der Dose
- 400 g Flageolet-Bohnen aus der Dose
- 1 gelbe Paprika, in schmalen Streifen
- 1 Zucchini, längs halbiert und in Scheiben
- 50 g schwarze Oliven, entsteint
- Salz und Pfeffer
- 2 EL frisch gehobelter Parmesan
- Fenchelgrün, zum Garnieren
- Polentaschnitten oder frisches Brot, zum Servieren

So geht's

Das Öl in einer großen Pfanne erhitzen. Darin Fenchel, Zwiebel, Knoblauch und Chili unter häufigem Rühren 5–8 Minuten andünsten.

Die Aubergine zufügen und unter häufigem Wenden 5 Minuten dünsten. Das Tomatenmark in einer Schale mit etwas Brühe verrühren und über die Fenchelmischung gießen. Die restliche Brühe, Tomaten, Balsamico und Oregano zufügen. Aufkochen, dann die Hitze reduzieren und alles abgedeckt 15 Minuten köcheln, bis die Tomaten zu zerfallen beginnen.

Die Bohnen abspülen und abtropfen lassen. Dann mit Paprika, Zucchini und Oliven in die Pfanne geben. Weitere 15 Minuten köcheln, bis das Gemüse gar ist. Mit Salz und Pfeffer abschmecken. Den Eintopf mit dem Parmesan bestreuen, mit Fenchelgrün garnieren und mit Polentaschnitten oder frischem Brot servieren.

Bohnen-Burger

Hülsenfrüchte, Nüsse & Tofu

Zutaten für 4 Personen

- 1 EL Sonnenblumenöl, plus etwas mehr zum Einfetten
- 1 Zwiebel, fein gehackt
- 1 Knoblauchzehe, fein gehackt
- 1 TL gemahlener Koriander
- 1 TL gemahlener Kreuzkümmel
- 150 g Champignons, fein gehackt
- 450 g Borlotti- oder rote Kidneybohnen aus der Dose, abgespült und abgetropft
- 2 EL frisch gehackte glatte Petersilie
- Salz und Pfeffer
- Mehl, zum Bestäuben

Zum Servieren

- 4 Burger-Brötchen
- Salat

So geht's

Das Öl in einer Pfanne erhitzen. Die Zwiebel hineingeben und unter gelegentlichem Rühren 5 Minuten weich dünsten. Knoblauch, Koriander und Kreuzkümmel zugeben und unter gelegentlichem Rühren 1 Minute dünsten. Die Pilze zugeben und 4–5 Minuten unter ständigem Rühren garen, bis die Flüssigkeit vollständig verdampft ist. Die Pilzmischung beiseitestellen.

Die Bohnen in eine Schüssel geben und mit einem Kartoffelstampfer oder einer Gabel zerdrücken. Mit der Petersilie unter die Pilzmischung mengen und mit Salz und Pfeffer abschmecken.

Den Backofengrill vorheizen. Die Mischung in vier Portionen aufteilen, in etwas Mehl wenden und zu flachen, runden Burgern formen. Mit etwas Öl bestreichen und unter dem Grill 4–5 Minuten von jeder Seite grillen. Im Brötchen mit Salat als Beilage servieren.

Spinatsalat mit Walnüssen

Hülsenfrüchte, Nüsse & Tofu

Zutaten für 2 Personen

- 500 g junge Spinatblätter
- 1 Zwiebel, fein gehackt
- 1 EL natives Olivenöl extra
- Salz und Pfeffer
- 250 g Naturjoghurt
- 1 Knoblauchzehe, fein gehackt
- 2 EL gehackte, geröstete Walnüsse
- 2–3 TL frisch gehackte Minze
- Pita-Brot, zum Servieren

So geht's

Spinat und Zwiebel in einen Topf geben und diesen abdecken. Bei geringer Temperatur einige Minuten sanft dünsten, bis der Spinat zusammengefallen ist.

Das Öl zugeben und weitere 5 Minuten dünsten. Mit Salz und Pfeffer abschmecken.

Joghurt und Knoblauch in eine Schüssel geben und vermischen.

Spinat-Zwiebel-Mischung in eine Schüssel füllen und die Joghurtmischung darübergießen. Walnüsse und Minze über den Salat streuen und diesen mit Pita-Brot servieren.

Bohnen-Bratlinge mit Salsa

Hülsenfrüchte, Nüsse & Tofu

Zutaten für 4 Personen

- 50 g Pinienkerne
- 450 g gemischte Bohnen aus der Dose, gewaschen und abgetropft
- ½ rote Zwiebel, fein gehackt
- 1 EL Tomatenmark
- ½ roter Chili, entkernt und fein gehackt
- 50 g frische Vollkorn-Semmelbrösel
- 1 Ei, verquirlt
- 1 EL frisch gehackter Koriander
- 2 EL Pflanzenöl
- 4 geröstete Vollkornbrötchen, zum Servieren
- 1 Limette, in Spalten, zum Garnieren

Salsa

- 1 Avocado, gehackt
- 100 g Tomaten, entkernt und gehackt
- 2 Knoblauchzehen, zerdrückt
- 2 EL frisch gehackter Koriander
- 1 EL natives Olivenöl extra
- Pfeffer
- Saft von ½ Limette

So geht's

Eine beschichtete Pfanne bei mittlerer Hitze erwärmen und die Pinienkerne darin unter Wenden leicht anbräunen. Beiseitestellen.

Die Bohnen in eine Schüssel füllen und grob zerdrücken. Zwiebel, Tomatenmark, Chili, Pinienkerne sowie die Hälfte der Semmelbrösel zufügen und gut mischen. Die Hälfte des verquirlten Eis und den Koriander untermengen – bei Bedarf etwas mehr Ei zufügen, um die Masse zu binden. Die Masse zu vier flachen Bratlingen formen. In den restlichen Semmelbröseln wenden, abdecken und 30 Minuten kalt stellen.

Für die Salsa alle Zutaten vermengen und abgedeckt in den Kühlschrank stellen.

Das Öl in einer Pfanne bei mittlerer Hitze erwärmen und die Bratlinge darin 4–5 Minuten von jeder Seite braten, bis sie heiß und knusprig sind. Aus der Pfanne nehmen und auf Küchenpapier abtropfen lassen.

Jeden Bratling in einem Vollkornbrötchen mit der Avocado-Salsa und mit einer Limettenspalte garniert servieren.

Falafel-Burger

Hülsenfrüchte, Nüsse & Tofu

Zutaten für 4 Personen

- 400 g Kichererbsen aus der Dose, abgespült und abgetropft
- 1 kleine Zwiebel, fein gehackt
- abgeriebene Schale und Saft von 1 Limette
- 2 TL gemahlener Koriander
- 2 TL gemahlener Kreuzkümmel
- 100 g Mehl
- 4 EL Olivenöl
- 4 frische Basilikumstängel, zum Garnieren
- Tomaten-Salsa (Fertigprodukt), zum Servieren

So geht's

Kichererbsen, Zwiebel, Limettenschale und -saft sowie Gewürze in eine Küchenmaschine geben und zu einer groben Masse verarbeiten.

Aus der Mischung vier Burger formen.

Das Mehl in einen tiefen Teller geben und die Burger darin wälzen.

Das Öl in einer Pfanne erhitzen und die Burger darin von jeder Seite 2 Minuten knusprig braten. Mit dem Basilikum garnieren und mit Tomaten-Salsa servieren.

Gemüse-Couscous

Hülsenfrüchte, Nüsse & Tofu

Zutaten für 4 Personen

- 120 g grüne Linsen
- 50 g Pinienkerne
- 1 EL natives Olivenöl extra
- 1 Zwiebel, in Würfeln
- 2 Knoblauchzehen, zerdrückt
- 280 g Zucchini, in Scheiben
- 250 g Tomaten, gehackt
- 400 g Artischockenherzen aus der Dose, abgetropft und längs halbiert
- Salz
- 250 g Couscous
- 450 ml Gemüsebrühe
- 3 EL frische Basilikumblätter, plus etwas mehr zum Garnieren
- Pfeffer

So geht's

Die Linsen in einen Topf mit kaltem Wasser geben, zum Kochen bringen und 10 Minuten sprudelnd kochen. Die Hitze reduzieren, abdecken und weitere 15 Minuten garen.

Unterdessen den Backofengrill auf mittlerer Hitze vorheizen. Die Pinienkerne auf einem Backblech verteilen und unter dem Grill gleichmäßig bräunen, dabei mehrmals wenden. Anschließend beiseitestellen.

Das Öl in einer Pfanne bei mittlerer Hitze erwärmen. Zwiebel, Knoblauch und Zucchini darin unter häufigem Rühren 8–10 Minuten weich dünsten, bis die Zucchini leicht gebräunt ist. Tomaten und Artischocken zufügen, 5 Minuten gut erhitzen und mit Salz würzen.

Unterdessen den Couscous in eine Schüssel geben. Die Brühe in einem Topf zum Kochen bringen und über den Couscous gießen. Abgedeckt 10 Minuten ziehen lassen, bis die Brühe aufgesogen ist.

Die Linsen abgießen und unter den Couscous heben. Die Basilikumblätter untermischen und mit Pfeffer abschmecken. Den Couscous in eine vorgewärmte Schüssel füllen und das Gemüse darübergeben. Mit den Pinienkernen bestreuen, mit Basilikumblättern garnieren und sofort servieren.

Linsen mit Babymaiskolben

Hülsenfrüchte, Nüsse & Tofu

Zutaten für 4 Personen

- 250 g rote Spaltlinsen
- 2 EL Pflanzenöl
- 1 TL Kreuzkümmelsamen
- 1 TL gemahlener Koriander
- ½ TL Asant
- 1 frischer roter Chili, entkernt und gehackt
- 120 g grüne Bohnen, gehackt, blanchiert und abgetropft
- 1 grüne Paprika, gehackt
- 120 g Babymaiskolben, in diagonalen Scheiben
- 150 ml Gemüsebrühe
- 2 Tomaten, entkernt und gehackt

Zum Garnieren

- 1 EL frisch gehackter Koriander
- 1 EL Mohnsamen

So geht's

Die Linsen zwei- bis dreimal unter kaltem Wasser abspülen. In einen Topf geben und mit kaltem Wasser bedecken. Aufkochen, die Hitze reduzieren und 15–20 Minuten köcheln lassen, bis die Linsen gar sind. Das Wasser abgießen und die Linsen zum Warmhalten wieder in den Topf geben.

Unterdessen das Öl in einer Pfanne auf niedriger Stufe erhitzen, Gewürze und Chili zugeben und unter Rühren 2 Minuten anbraten. Bohnen, Paprika und Mais zufügen und unter Rühren weitere 2 Minuten garen.

Die Brühe einrühren und aufkochen. Die Hitze reduzieren und 5 Minuten köcheln lassen, bis das Gemüse gar, aber noch bissfest ist.

Das Gemüse samt Sud in die gekochten Linsen einrühren und die Tomaten hinzufügen. 5–8 Minuten erhitzen, bis das Gericht sehr heiß ist.

Mit Koriander und Mohn bestreut sofort servieren.

Kidneybohnen-Risotto

Hülsenfrüchte, Nüsse & Tofu

Zutaten für 4 Personen

- 4 EL natives Olivenöl extra
- 1 Zwiebel, gehackt
- 2 Knoblauchzehen, fein gehackt
- 200 g Naturreis
- 650 ml Gemüsebrühe
- 1 Prise Salz
- 1 rote Paprika, gehackt
- 2 Selleriestangen, in Scheiben
- 250 g Champignons, in dünnen Scheiben
- 450 g rote Kidneybohnen aus der Dose, abgetropft und abgespült
- 3 EL frisch gehackte Petersilie, plus etwas mehr zum Garnieren
- 50 g Cashewkerne
- Salz und Pfeffer

So geht's

Die Hälfte des Öls in einem großen Topf erhitzen. Die Zwiebel darin unter gelegentlichem Rühren 5 Minuten weich dünsten. Die Hälfte des Knoblauchs zufügen und 2 Minuten mitdünsten. Dann den Reis zugeben und etwa 1 Minute anschwitzen, bis er glasig wird.

Die Brühe mit einer Prise Salz in den Topf geben und unter Rühren aufkochen. Dann die Hitze reduzieren, den Topf abdecken und den Reis 35–40 Minuten köcheln, bis er die gesamte Brühe aufgesogen hat.

Unterdessen das restliche Öl in einer großen Pfanne erhitzen. Paprika und Sellerie darin unter Rühren etwa 5 Minuten dünsten. Dann die Champignons und den restlichen Knoblauch zufügen und alles 4–5 Minuten dünsten.

Den fertig gegarten Reis in die Pfanne geben, Kidneybohnen, Petersilie und Cashewkerne zufügen und mit Salz und Pfeffer abschmecken. Die Mischung gut erhitzen, dann das fertige Gericht in eine vorgewärmte Schüssel füllen, mit Petersilie garnieren und sofort servieren.

Käse-Nussbraten

Hülsenfrüchte, Nüsse & Tofu

Zutaten für 6–8 Personen

- 2 EL natives Olivenöl extra, plus etwas mehr zum Einfetten
- 2 Zwiebeln, eine fein gehackt, die andere in dünnen Ringen
- 3–5 Knoblauchzehen, zerdrückt
- 2 Selleriestangen, in dünnen Ringen
- 200 g Maronen, gekocht und geschält
- 200 g gemischte Nüsse, gehackt
- 50 g Mandeln, gemahlen
- 50 g Vollkorn-Semmelbrösel
- 250 g Blauschimmelkäse, zerkrümelt
- 1 EL frisch gehacktes Basilikum, plus einige Stängel zum Garnieren
- 1 Ei, verquirlt
- Salz und Pfeffer
- 1 rote Paprika, gegrillt, gehäutet und in dünnen Streifen
- 1 kleine Zucchini (120 g), in Scheiben

Zum Servieren

- Cocktailtomaten
- Tomatenketchup

So geht's

Den Backofen auf 180 °C vorheizen. 1 Esslöffel Öl in einer Pfanne erhitzen. Gehackte Zwiebel, 1–2 Knoblauchzehen und Sellerie zugeben und unter Rühren 5 Minuten anbraten. Abtropfen lassen und mit Maronen, Nüssen, Mandeln, Semmelbröseln, der Hälfte des Käses sowie Basilikum in einen Mixer geben. Kurz mischen und das Ei dazugeben, bis eine feste Masse entsteht. Mit Salz und Pfeffer würzen.

Das restliche Öl in einer Pfanne auf mittlerer Stufe erhitzen. Zwiebelringe, restlichen Knoblauch, Paprika und Zucchini zufügen und unter häufigem Rühren 5 Minuten anbraten. Abschmecken und abtropfen lassen.

Die Hälfte der Nusspaste in eine 900-g-Brotbackform geben und glatt streichen. Mit dem Zwiebel-Paprika-Gemisch bedecken und den restlichen Käse darüberstreuen. Die restliche Nusspaste auftragen und andrücken. Mit Alufolie bedeckt 45 Minuten im Ofen backen. Die Folie entfernen und weitere 25–35 Minuten backen. Aus dem Ofen nehmen und abkühlen lassen. Dann auf eine Servierplatte stürzen. In Scheiben schneiden und mit Basilikum, Tomaten und Ketchup garnieren.

Spinat-Maronen mit Haube

Hülsenfrüchte, Nüsse & Tofu

Zutaten für 4 Personen

- 4 EL natives Olivenöl extra
- 2 Knoblauchzehen, zerdrückt
- ½ große oder 1 kleine Sellerieknolle, in Stiften
- 250 g junge Spinatblätter
- 100 g Maronen, gekocht, geschält und grob gehackt
- 200 g Feta, zerbröckelt
- 1 Ei
- 2 EL Pesto
- 1 EL fein gehackte Petersilie
- Pfeffer
- 4 Blätter Filo-Teig, je 32 cm x 18 cm
- grüner Salat, zum Servieren

So geht's

Den Backofen auf 190 °C vorheizen. In einer großen Pfanne 1 Esslöffel Öl bei mittlerer Hitze erwärmen und darin den Knoblauch unter ständigem Rühren 1 Minute andünsten. Den Sellerie zufügen und 5 Minuten braten, bis er weich und angebräunt ist. Aus der Pfanne nehmen und warm halten.

1 Esslöffel des restlichen Öls in die Pfanne geben und den Spinat darin 2–3 Minuten abgedeckt dünsten, bis er zusammenfällt. Den Deckel abnehmen und köcheln lassen, bis die Flüssigkeit vollständig verdampft ist.

Knoblauch, Sellerie, Spinat, Maronen, Feta, Ei, Pesto und Petersilie in einer großen Schüssel mischen und mit Pfeffer würzen. Die Mischung auf vier kleine Ramequin-Formen verteilen oder alles in eine mittelgroße Auflaufform füllen.

Die Filo-Teigblätter mit dem restlichen Öl bestreichen und etwas gebauscht auf das Gemüse legen. Im Ofen 15–20 Minuten goldbraun backen. Sofort mit grünem Salat servieren.

Thai-Bratlinge mit Chilidip

Hülsenfrüchte, Nüsse & Tofu

Zutaten für 8 Stück

- 300 g fester Tofu, grob geraspelt
- 1 Stängel Zitronengras, fein gehackt
- 2 Knoblauchzehen, gehackt
- 2,5-cm-Stück Ingwerwurzel, gerieben
- 2 Kaffir-Limettenblätter, fein gehackt
- 2 Schalotten, fein gehackt
- 2 rote Chilis, entkernt und fein gehackt
- 4 EL frisch gehackter Koriander
- 100 g glutenfreies Mehl, plus etwas mehr zum Bestäuben
- ½ TL Salz
- Sonnenblumenöl, zum Braten

Chilidip

- 3 EL Weißweinessig
- 2 Frühlingszwiebeln, in dünnen Ringen
- 1 EL Zucker
- 2 Chilis, fein gehackt
- 2 EL frisch gehackter Koriander
- 1 Prise Salz

So geht's

Für den Chilidip alle Zutaten in einer kleinen Servierschale verrühren und beiseitestellen.

Tofu mit Zitronengras, Knoblauch, Ingwer, Limettenblättern, Schalotten, Chilis und Koriander in einer Rührschüssel vermischen, dann mit Mehl und Salz zu einer groben, klebrigen Masse vermengen. Abdecken und im Kühlschrank 1 Stunde ruhen lassen.

Aus der Mischung mit bemehlten Händen acht walnussgroße Bälle formen und diese leicht flach drücken. So viel Öl in einer großen, schweren Pfanne bei mittlerer Hitze erwärmen, dass es den Boden der Pfanne vollständig bedeckt. Die Bratlinge portionsweise von jeder Seite 2–3 Minuten goldbraun anbraten. Auf Küchenpapier abtropfen lassen und warm mit dem Chilidip servieren.

Gemüsebrot mit Haselnüssen

Hülsenfrüchte, Nüsse & Tofu

Zutaten für 4 Personen

- 2 EL Sonnenblumenöl, plus etwas mehr zum Einfetten
- 1 Zwiebel, gehackt
- 1 Knoblauchzehe, fein gehackt
- 2 Selleriestangen, klein geschnitten
- 1 EL Mehl
- 200 g passierte Tomaten
- 130 g frische Vollkorn-Semmelbrösel
- 2 Karotten, geraspelt
- 150 g Haselnüsse, geröstet und gemahlen
- 1 EL dunkle Sojasauce
- 2 EL frisch gehackter Koriander
- 1 Ei, leicht verquirlt
- Salz und Pfeffer

So geht's

Den Backofen auf 180 °C vorheizen. Das Öl in einer Pfanne erhitzen. Die Zwiebel hineingeben und unter gelegentlichem Rühren 5 Minuten weich dünsten. Knoblauch und Sellerie zufügen und unter häufigem Rühren 5 Minuten dünsten. Das Mehl zugeben und unter ständigem Rühren 1 Minute anschwitzen. Portionsweise die passierten Tomaten unterrühren und unter ständigem Rühren eindicken. Die Pfanne vom Herd nehmen.

Semmelbrösel, Karotten, Haselnüsse, Sojasauce und Koriander in eine Schüssel geben. Die Tomatenmischung zugeben und alles gut verrühren. Etwas abkühlen lassen, dann das Ei unterrühren und mit Salz und Pfeffer würzen.

Eine kleine Kastenform (22 cm x 12 cm) einfetten und mit Backpapier auslegen. Die Mischung in die Form füllen und die Oberfläche glatt streichen. Mit Alufolie abdecken und im Ofen 1 Stunde backen. Auf eine vorgewärmte Platte stürzen und sofort servieren. Alternativ in der Form auskühlen lassen und dann stürzen.

Tofupfanne

Hülsenfrüchte, Nüsse & Tofu

Zutaten für 4 Personen

- 2 EL Sonnenblumen- oder natives Olivenöl extra
- 350 g schnittfester Tofu, in Würfeln
- 250 g Pak Choi, grob gehackt
- 1 Knoblauchzehe, gehackt
- 4 EL süße Chilisauce
- 2 EL helle Sojasauce

So geht's

Die Hälfte des Öls in einem Wok erhitzen. Den Tofu portionsweise zugeben und 2–3 Minuten goldbraun anbraten. Herausnehmen und beiseitestellen.

Den Pak Choi in den Wok geben und kurz pfannenrühren, bis er zusammenfällt. Herausnehmen und beiseitestellen.

Das restliche Öl in den Wok geben, den Knoblauch zufügen und 30 Sekunden pfannenrühren.

Chili- und Sojasauce unterrühren und aufkochen.

Tofu und Pak Choi zurück in den Wok geben und diesen leicht schwenken, bis alles vollständig mit Sauce überzogen ist. Auf Tellern anrichten und sofort servieren.

Linsensalat mit Ziegenkäse

Hülsenfrüchte, Nüsse & Tofu

Zutaten für 4 Personen

- 2 EL natives Olivenöl extra
- 2 TL Kreuzkümmelsamen
- 2 Knoblauchzehen, zerdrückt
- 2 TL frisch geriebene Ingwerwurzel
- 300 g rote Spaltlinsen
- 700 ml Gemüsebrühe
- 2 EL frisch gehackte Minze
- 2 EL frisch gehackter Koriander
- 2 rote Zwiebeln, in dünnen Ringen
- 200 g junge Spinatblätter
- 1 TL Haselnussöl
- 150 g weicher Ziegenkäse
- 4 EL griechischer Joghurt
- Pfeffer
- 1 Zitrone, in Spalten, zum Garnieren
- geröstetes Roggenbrot, zum Servieren

So geht's

Die Hälfte des Olivenöls in einem großen Topf bei mittlerer Hitze erwärmen und darin Kreuzkümmelsamen, Knoblauch und Ingwer unter ständigem Rühren 2 Minuten anrösten.

Die Linsen untermischen und nach und nach unter ständigem Rühren die Brühe zugeben. Nach etwa 20 Minuten, wenn die gesamte Flüssigkeit aufgesogen ist, vom Herd nehmen und die Kräuter unterheben.

Unterdessen das restliche Olivenöl in einer Pfanne bei mittlerer Hitze erwärmen, die Zwiebeln zugeben und unter häufigem Rühren 10 Minuten leicht anbräunen.

Den Spinat in einer Schüssel im Haselnussöl wenden, dann auf vier Servierteller verteilen.

Den Ziegenkäse in einer kleinen Schüssel mit dem Joghurt vermischen und mit Pfeffer abschmecken.

Die Linsen auf die Servierteller verteilen und mit den Zwiebeln und der Käsemischung belegen. Mit den Zitronenspalten garnieren und mit geröstetem Roggenbrot servieren.

Pasta, asiatische Nudeln & Reis

Penne mit sahniger Sauce

Pasta, asiatische Nudeln & Reis

Zutaten für 4 Personen

- 300 g glutenfreie Penne oder andere Nudeln
- 2 EL natives Olivenöl extra
- 250 g Champignons, in Scheiben
- 1 TL getrockneter Oregano
- 250 ml Gemüsebrühe
- 1 TL Zitronensaft
- 100 g Doppelrahm-frischkäse
- 200 g Blattspinat, Tiefkühlware aufgetaut
- Salz und Pfeffer

So geht's

In einem Topf leicht gesalzenes Wasser aufkochen. Die Nudeln darin al dente kochen. Abgießen und 180 ml des Kochsuds auffangen.

Unterdessen das Öl in einer großen, schweren Pfanne bei mittlerer Hitze erwärmen und die Champignons darin unter häufigem Wenden 8 Minuten fast knusprig braten. Oregano, Brühe und Zitronensaft zufügen und alles 10–11 Minuten bis auf die Hälfte einkochen.

Frischkäse und Spinat einrühren und bei mittlerer Hitze 3–5 Minuten mitkochen. Den aufgefangenen Kochsud zugeben, dann die gekochten Nudeln. Alles gut verrühren, mit Salz und Pfeffer abschmecken und vor dem Servieren noch einmal erhitzen.

Chinesisches Gemüse mit Nudeln

Pasta, asiatische Nudeln & Reis

Zutaten für 4 Personen

- 1,3 l Gemüsebrühe
- 1 Knoblauchzehe, zerdrückt
- 1-cm-Stück Ingwerwurzel
- 250 g chinesische Eiernudeln
- 1 rote Paprika, in Streifen
- 100 g Erbsen, Tiefkühlware aufgetaut
- 120 g Brokkoli, in Röschen zerteilt
- 90 g Shiitake-Pilze, in Scheiben
- 2 EL Sesamsaat
- 230 g Wasserkastanien aus der Dose, abgetropft und halbiert
- 230 g Bambussprossen aus der Dose, abgetropft
- 280 g Chinakohl, in Streifen
- 140 g Bohnensprossen
- 3 Frühlingszwiebeln, in Ringen
- 1 EL Sojasauce
- Pfeffer

So geht's

Brühe, Knoblauch und Ingwer in einem großen Topf zum Kochen bringen. Nudeln, Paprika, Erbsen, Brokkoli und Pilze zufügen und alles aufkochen. Dann die Hitze reduzieren, abdecken und 5–6 Minuten köcheln lassen, bis die Nudeln gar sind.

Unterdessen den Backofengrill auf mittlerer Hitze vorheizen. Die Sesamsaat auf einem Backblech verteilen und unter dem Grill rösten, dabei mehrmals wenden, damit der Sesam nicht verbrennt. Danach in eine kleine Schüssel füllen und beiseitestellen.

Wenn die Nudeln gar sind, Wasserkastanien, Bambussprossen, Chinakohl, Bohnensprossen und Frühlingszwiebeln zufügen. Wieder aufkochen, umrühren und weitere 2–3 Minuten gut erhitzen.

Vorsichtig 300 ml der Brühe in einen kleinen hitzebeständigen Behälter füllen und beiseitestellen. Die restliche Brühe abseihen und den Ingwer entsorgen. Nudeln und Gemüse auf vier vorgewärmte Servierschalen verteilen. Die Sojasauce mit der beiseitegestellten Brühe mischen und über die Gemüsenudeln gießen. Mit Pfeffer würzen und sofort servieren.

Pasta mit Pesto

Pasta, asiatische Nudeln & Reis

Zutaten für 4 Personen

- 450 g Tagliatelle
- frische Basilikumstängel, zum Garnieren

Pesto

- 2 Knoblauchzehen
- 50 g Pinienkerne
- Salz
- 120 g frische Basilikumblätter
- 50 g frisch geriebener Parmesan
- 130 ml natives Olivenöl extra

So geht's

Für den Pesto Knoblauch, Pinienkerne, 1 große Prise Salz und Basilikum in einem Mörser zerreiben. Die Paste in eine Schüssel geben und mit einem Holzlöffel langsam erst den Parmesankäse und dann das Olivenöl einarbeiten, um eine dicke, cremige Sauce zu erhalten. Abschmecken und bei Bedarf nachsalzen.

Alternativ Knoblauch, Pinienkerne und Salz in einen Mixer geben und kurz pürieren. Die Basilikumblätter zugeben und zu einer Paste vermischen. Bei noch laufendem Gerät langsam das Olivenöl zufügen. Die Mischung dann in eine Schüssel umfüllen und den Parmesan unterrühren.

Leicht gesalzenes Wasser in einem großen Topf zum Kochen bringen. Die Nudeln hineingeben, aufkochen und 8–10 Minuten garen, bis sie al dente sind. Das Wasser abgießen, die Nudeln gut abtropfen lassen und wieder in den Topf geben. Mit der Hälfte des Pestos vermengen. Auf vorgewärmte Teller verteilen und das restliche Pesto über die Nudeln löffeln. Mit Basilikumstängeln garnieren und sofort servieren.

Drei-Käse-Makkaroni

Pasta, asiatische Nudeln & Reis

Zutaten für 4 Personen

- 250 g Makkaroni
- 1 TL natives Olivenöl extra
- 1 Ei, verquirlt
- 150 g frisch geriebener Pecorino
- 1 EL grobkörniger Senf
- 2 EL frisch gehackter Schnittlauch
- Salz und Pfeffer
- 4 Tomaten, in Scheiben
- 150 g Butterkäse, frisch gerieben
- 60 g Blauschimmelkäse, zerkleinert
- 2 EL Sonnenblumenkerne
- frischer Schnittlauch, zum Garnieren

Béchamelsauce

- 600 ml Milch
- 1 Lorbeerblatt
- 6 schwarze Pfefferkörner
- 1 Zwiebelscheibe
- 1 Muskatblüte
- 4 EL Butter
- 100 g Mehl
- Salz und Pfeffer

So geht's

Den Backofen auf 190 °C vorheizen. Für die Béchamelsauce Milch, Lorbeerblatt, Pfefferkörner, Zwiebel und Muskatblüte in einen Topf geben. Bis knapp unter den Siedepunkt erhitzen. Vom Herd nehmen, 10 Minuten abkühlen lassen und die Gewürze entfernen. Die Butter in einem weiteren Topf zerlassen, das Mehl einstreuen und 1 Minute anschwitzen. Vom Herd nehmen und die Milch einrühren. Wieder auf den Herd stellen und unter Rühren eindicken. Abschmecken und beiseitestellen.

In einem großen Topf leicht gesalzenes Wasser aufkochen. Die Makkaroni darin mit dem Olivenöl 8–10 Minuten kochen, bis sie al dente sind. Abtropfen lassen und in eine Auflaufform geben.

Ei, Pecorino, Senf, Schnittlauch, Salz und Pfeffer in die Béchamelsauce rühren. Die Sauce über die Makkaroni geben. Dann mit einer Schicht Tomatenscheiben bedecken.

Butterkäse, Blauschimmelkäse und die Sonnenblumenkerne darübergeben. Den Auflauf auf ein Backblech stellen und im Ofen 25–30 Minuten goldbraun backen. Mit Schnittlauch garnieren und sofort servieren.

Nudeln mit Olivensauce

Pasta, asiatische Nudeln & Reis

Zutaten für 2–4 Personen

- 350 g frische, kurze Nudeln
- ½ TL Salz
- 100 ml natives Olivenöl extra
- ½ TL frisch geriebene Muskatnuss
- ½ TL schwarzer Pfeffer
- 1 Knoblauchzehe, zerdrückt
- 2 EL Tapenade
- 100 g schwarze oder grüne Oliven, entsteint und in Scheiben
- 1 EL frisch gehackte Petersilie, zum Garnieren

So geht's

Die Nudeln in einem großen Topf mit kochendem Salzwasser 4 Minuten oder nach Packungsanleitung kochen, bis sie al dente sind.

Unterdessen Salz, Öl, Muskatnuss, Pfeffer, Knoblauch, Tapenade und Oliven in einen weiteren Topf geben und langsam unter Rühren erhitzen, jedoch nicht kochen. Den Topf abdecken und die Sauce 3–4 Minuten ruhen lassen.

Die Nudeln abgießen und zurück in den Topf geben. Die Olivensauce zufügen und vorsichtig vermengen. 1–2 Minuten sanft erhitzen. Auf Tellern anrichten, mit der Petersilie garnieren und sofort servieren.

Wildpilz-Risotto

Zutaten für 6 Personen

- 50 g getrocknete Steinpilze oder Morcheln
- 4 EL natives Olivenöl extra
- 500 g gemischte frische Wildpilze, z. B. Steinpilze, Schafchampignons und Pfifferlinge, große Exemplare halbiert
- 3–4 Knoblauchzehen, fein gehackt
- 4 EL Butter
- 1 Zwiebel, fein gehackt
- 350 g Arborio-Reis
- 50 ml trockener weißer Wermut
- 1,25 l heiße Gemüsebrühe
- Salz und Pfeffer
- 125 g frisch geriebener Parmesan
- 4 EL frisch gehackte glatte Petersilie

So geht's

Die getrockneten Pilze in einer Schale mit kochendem Wasser übergießen, 30 Minuten ziehen lassen, aus dem Wasser nehmen und trocken tupfen. Das Einweichwasser durch ein Sieb seihen und beiseitestellen.

In einer Pfanne 3 Esslöffel Öl erhitzen. Die frischen Pilze darin 1–2 Minuten dünsten. Den Knoblauch und die eingeweichten Pilze zufügen. Weitere 2 Minuten pfannenrühren und beiseitestellen.

Die Hälfte der Butter mit dem restlichen Öl in einem Topf zerlassen. Die Zwiebel darin unter Rühren weich dünsten. Bei reduzierter Hitze den Reis zugeben und unter Rühren 2–3 Minuten anschwitzen, bis er glasig wird. Schließlich den Wermut zugießen und 1 Minute kochen, bis er stark reduziert ist.

Die Brühe nach und nach zugeben; dabei ständig rühren und weitere Brühe zugießen, sobald der Reis die Flüssigkeit aufgesogen hat. Die Hitze erhöhen, bis die Brühe leicht köchelt. Den Reis insgesamt 20 Minuten kochen, bis er gar und cremig ist. Mit Salz und Pfeffer würzen.

Die Hälfte des Einweichwassers sowie alle Pilze in den Topf geben. Vom Herd nehmen, restliche Butter, Parmesan und Petersilie einrühren und sofort servieren.

Gemüse-Lasagne

Pasta, asiatische Nudeln & Reis

Zutaten für 4 Personen

- natives Olivenöl extra, zum Braten und Einfetten
- 2 Auberginen, in dünnen Scheiben
- 2 EL Butter
- 1 Knoblauchzehe, fein gehackt
- 4 Zucchini, in Scheiben
- 1 EL frisch gehackte glatte Petersilie
- 1 EL frisch gehackter Majoran
- 250 g Mozzarella, klein geschnitten
- 600 g passierte Tomaten
- 200 g Lasagne-Blätter, ohne Vorkochen
- Salz und Pfeffer
- 50 g frisch geriebener Parmesan

Béchamelsauce

- 300 ml Milch
- 1 Lorbeerblatt
- 6 schwarze Pfefferkörner
- 1 Zwiebelscheibe
- gemahlene Muskatblüte
- 2 EL Butter
- 3 EL Mehl
- Salz und Pfeffer

So geht's

Den Backofen auf 200 °C vorheizen. Für die Béchamelsauce Milch, Lorbeerblatt, Pfeffer, Zwiebel und Muskatblüte in einen Topf geben. Bis knapp unter den Siedepunkt erhitzen, vom Herd nehmen, abdecken und 10 Minuten ziehen lassen. Lorbeer, Zwiebel und Pfeffer entfernen. Die Butter in einem Topf zerlassen. Das Mehl darin bei geringer Hitze 1 Minute anschwitzen. Vom Herd nehmen und die Milch einrühren. Wieder auf den Herd stellen und eindicken. Abschmecken und beiseitestellen.

In eine Grillpfanne so viel Öl geben, dass der Boden bedeckt ist. Das Öl erhitzen und die Auberginen darin portionsweise bei mittlerer Hitze 8 Minuten goldbraun braten. Aus der Pfanne nehmen und abtropfen lassen. Die Butter in einer Pfanne zerlassen und Knoblauch, Zucchini, Petersilie und Majoran darin bei mittlerer Hitze 5 Minuten braten, bis die Zucchini goldbraun sind. Aus der Pfanne nehmen und abtropfen lassen.

Auberginen, Zucchini, Mozzarella, Tomaten und Lasagne-Blätter schichtweise in eine mit Öl eingefettete Auflaufform geben und mit Salz und Pfeffer würzen, mit Lasagne-Blättern abschließen. Mit der Béchamelsauce übergießen und vollständig bedecken. Mit dem Parmesan bestreuen und 30–40 Minuten im Ofen backen. Sofort servieren.

Risotto-Bratlinge

Pasta, asiatische Nudeln & Reis

Zutaten für 3 Stück

- 80 g Zwiebeln, fein gehackt
- 80 g Porree, fein gehackt
- 30 g Arborio-Reis
- 500 ml Gemüsebrühe
- 80 g Zucchini, gerieben
- 1 EL frisch gehacktes Basilikum
- 25 g Vollkorn-Semmelbrösel
- Pflanzenöl im Ölzerstäuber
- Salatblätter, zum Garnieren

Füllung

- 50 g Frischkäse
- 50 g Mangofleisch, gewürfelt
- 1 TL abgeriebene Limettenschale
- 1 TL Limettensaft
- 1 Prise Cayennepfeffer

So geht's

Den Backofen auf 200 °C vorheizen. Eine beschichtete Pfanne erhitzen. Zwiebeln und Porree darin unter Rühren 2–3 Minuten dünsten, aber nicht bräunen.

Reis und Brühe zufügen und aufkochen. 2 Minuten sprudelnd kochen, dann den Reis bei reduzierter Hitze 15 Minuten köcheln lassen, dabei alle 2–3 Minuten umrühren. Wenn der Reis fast gar ist und die Flüssigkeit aufgesogen hat, Zucchini und Basilikum untermengen. Unter Rühren 5–10 Minuten bei starker Hitze kochen, bis die Masse klebrig und die Flüssigkeit verkocht ist. Auf einen großen Teller geben und abkühlen lassen.

Unterdessen für die Füllung alle Zutaten in einer Schüssel vermengen.

Die Reismasse in drei Portionen teilen. In die Mitte jeder Portion eine kleine Vertiefung drücken und je 1 Esslöffel der Füllung hineingeben. Die Reismasse um die Füllung herum zu einem Bratling formen und leicht flach drücken. Die Bratlinge in den Semmelbröseln wenden und auf ein mit Backpapier ausgelegtes Backblech legen, leicht mit Öl besprühen und im Ofen 15–20 Minuten goldbraun backen. Die Bratlinge mit einigen Salatblättern garnieren und sofort servieren.

Gemüse auf Pfannkuchen

Pasta, asiatische Nudeln & Reis

Zutaten für 4 Personen

- 120 g dünne Glasnudeln
- 6 Eier
- 4 Frühlingszwiebeln, in Ringen
- Salz und Pfeffer
- 2½ EL Erdnuss- oder Pflanzenöl
- 1 kg gemischtes Gemüse, z. B. Karotten, Babymaiskolben, Blumenkohl, Brokkoli, Zuckererbsen, Zwiebeln, in gleich großen Stücken
- 100 g Bambussprossen, abgetropft
- 200 g süßsaure Sauce

So geht's

Die Nudeln in einer Schüssel mit lauwarmem Wasser bedecken und 20 Minuten einweichen. Abgießen und mit einer Schere in 7,5 cm lange Stücke schneiden. Beiseitestellen.

Die Eier verquirlen, dann Nudeln und Frühlingszwiebeln einrühren und mit Salz und Pfeffer würzen. Eine Pfanne mit 20 cm Durchmesser bei starker Hitze vorheizen. Etwas Öl zugeben und durch Schwenken verteilen. Ein Viertel der Eimasse zufügen und ebenfalls durch Schwenken verteilen. Auf mittlere Hitze umschalten und den dünnen Pfannkuchen 1 Minute stocken lassen. Wenden und bei Bedarf noch etwas Öl zugeben. Die andere Seite braten, im Ofen warm halten und drei weitere Pfannkuchen ebenso braten.

Einen Wok oder eine große Pfanne bei starker Hitze vorheizen, dann 1½ Esslöffel Öl zugeben und erhitzen, bis es schimmert. Zuerst das festere Gemüse, wie Karotten, zugeben und 30 Sekunden unter Rühren braten. Allmählich die anderen Gemüsesorten, zuletzt Bambussprossen zugeben. Die Sauce einrühren und alles köcheln lassen, bis das Gemüse bissfest ist. Dann Gemüse und Sauce auf jedem Pfannkuchen anrichten und servieren.

Risotto Primavera

Pasta, asiatische Nudeln & Reis

Zutaten für 6–8 Personen

- 250 g dünner grüner Spargel
- 4 EL natives Olivenöl extra
- 200 g junge grüne Bohnen, in 2,5 cm langen Stücken
- 200 g junge Zucchini, längs geviertelt und in 2,5 cm langen Stücken
- 250 g frische Erbsen, gepalt
- 1 Zwiebel, fein gehackt
- 1–2 Knoblauchzehen, fein gehackt
- 350 g Arborio-Reis
- 1,5 l heiße Gemüsebrühe
- 4 Frühlingszwiebeln, in etwa 2,5 cm langen Stücken
- Salz und Pfeffer
- 4 EL Butter
- 130 g frisch geriebener Parmesan
- 2 EL frische Schnittlauchröllchen
- 2 EL frisch gehacktes Basilikum

So geht's

Die holzigen Enden der Spargelstangen entfernen. Die Stangen in 2,5 cm lange Stücke schneiden. In einer großen Pfanne 2 Esslöffel Öl stark erhitzen. Spargel, Bohnen, Zucchini und Erbsen darin 3–4 Minuten braten, bis sie weich werden. Vom Herd nehmen und beiseitestellen.

Das restliche Öl in einem großen Topf erhitzen. Die Zwiebel darin bei mittlerer Hitze unter gelegentlichem Rühren 3 Minuten weich dünsten. Den Knoblauch 30 Sekunden mitdünsten. Dann die Hitze reduzieren, den Reis zufügen und unter ständigem Rühren etwa 2–3 Minuten anschwitzen, bis er glasig wird.

Die Brühe nach und nach zugeben, dabei ständig rühren und weitere Brühe zugießen, sobald der Reis die Flüssigkeit aufgesogen hat. Die Hitze so erhöhen, dass die Brühe leicht köchelt, und den Reis insgesamt etwa 20 Minuten kochen, bis er gar und cremig ist und die Brühe bis auf etwa 2 Esslöffel aufgenommen hat.

Vorgegartes Gemüse und Frühlingszwiebeln unterheben und 2 Minuten unter Rühren mitkochen. Dann mit Salz und Pfeffer würzen. Butter, Parmesan, Schnittlauch und Basilikum einrühren. Sofort servieren.

Würzig gefüllte Paprika

Pasta, asiatische Nudeln & Reis

Zutaten für 4 Personen

- 4 verschiedenfarbige Paprika
- 1 TL natives Olivenöl extra
- 1 Zwiebel, fein gehackt
- 2 Knoblauchzehen, gehackt
- 2,5-cm-Stück frische Ingwerwurzel, gerieben
- 1–2 frische Serrano-Chilis, entkernt und gehackt
- 1 TL gemahlener Kreuzkümmel
- 1 TL gemahlener Koriander
- 100 g gekochter brauner Basmatireis
- 1 große Karotte, gerieben
- 1 große Zucchini, gerieben
- 1½ EL getrocknete Aprikosen, fein gehackt
- 1 EL frisch gehackter Koriander
- Pfeffer
- 150 ml Wasser
- frische Kräuter, zum Garnieren

So geht's

Den Backofen auf 190 °C vorheizen. Von den Paprika an den Stielansätzen Deckel abschneiden und diese beiseitestellen. Die Paprika entkernen, in eine große Schüssel legen und mit kochendem Wasser bedecken. Etwa 10 Minuten einweichen, dann das Wasser abgießen und die Paprika beiseitestellen.

Das Öl in einer Pfanne erhitzen. Zwiebel, Knoblauch, Ingwer und Chilis darin unter Rühren 3 Minuten dünsten. Kreuzkümmel und Koriander zufügen und 2 Minuten anbraten.

Die Pfanne vom Herd nehmen und Reis, Karotte, Zucchini, Aprikosen und Koriander unterrühren. Mit Pfeffer abschmecken und die Mischung in die Paprika füllen.

Die gefüllten Paprika aufrecht in eine kleine Auflaufform geben und die Deckel aufsetzen. Das Wasser in die Form gießen und diese mit Alufolie abdecken. Etwa 25–30 Minuten backen. Mit Kräutern garnieren und servieren.

Asiatische Gemüsepfanne

Pasta, asiatische Nudeln & Reis

Zutaten für 4 Personen

- Erdnuss- oder Sonnenblumenöl, zum Frittieren
- 120 g Reis-Vermicelli, in 7,5 cm großen Stücken
- 120 g grüne Bohnen, in kurzen Stücken
- 2 Karotten, in Stiften
- 2 Zucchini, in Stiften
- 120 g Shiitake-Pilze, in Scheiben
- 2,5-cm-Stück frische Ingwerwurzel, in dünnen Streifen
- ½ kleiner Chinakohl, in Streifen
- 4 Frühlingszwiebeln, in Ringen
- 100 g Bohnensprossen
- 2 EL dunkle Sojasauce
- 2 EL chinesischer Reiswein
- 1 große Prise Zucker
- 2 EL frisch gehackter Koriander

So geht's

Einen vorgeheizten Wok oder eine tiefe Pfanne zur Hälfte mit Öl füllen. Das Öl auf 180–190 °C erhitzen (ein Brotwürfel sollte darin in 30 Sekunden braun werden).

Die Reisnudeln portionsweise in das heiße Öl geben und 1½–2 Minuten darin frittieren, bis sie knusprig sind und sich aufgebläht haben. Anschließend aus dem Wok nehmen und auf Küchenpapier abtropfen lassen. Sind alle Nudeln frittiert, das gesamte Öl bis auf 2 Esslöffel aus dem Wok abgießen.

Das restliche Öl bei starker Hitze erneut erwärmen. Die Bohnen zufügen und 2 Minuten pfannenrühren. Dann Karotten, Zucchini, Pilze und Ingwer in den Wok geben und weitere 2 Minuten pfannenrühren.

Zuletzt Chinakohl, Frühlingszwiebeln und Bohnensprossen dazugeben und abermals 1 Minute braten. Sojasauce, Reiswein und Zucker mischen, in den Wok gießen und unter ständigem Rühren 1 Minute erhitzen, damit sich die Sauce gut mit dem Gemüse verbindet. Nudeln und Koriander zugeben. Alles noch einmal gründlich vermengen und das fertige Gericht sofort servieren.

Gebratener Reis mit Gemüse

Pasta, asiatische Nudeln & Reis

Zutaten für 4 Personen

- 230 g Jasminreis
- Salz
- 2 EL Erdnussöl
- 1 EL grüne Currypaste
- 6 Frühlingszwiebeln, in Ringen
- 2 Knoblauchzehen, zerdrückt
- 1 Zucchini, in Stiften
- 120 g Fadenbohnen, in Stücken
- 200 g grüner Spargel, in Stücken
- 3–4 frische Thai-Basilikumblätter

So geht's

Den Reis in leicht gesalzenem Wasser 12–15 Minuten garen, gut abtropfen und völlig abkühlen lassen. Über Nacht in den Kühlschrank stellen.

Das Öl im Wok erhitzen und die Currypaste darin etwa 1 Minute verrühren. Frühlingszwiebeln und Knoblauch zugeben und 1 Minute pfannenrühren.

Zucchini, Bohnen und Spargel zugeben. 4 Minuten unter Rühren mitbraten, bis alles weich ist. Den Reis durchmischen und in den Wok geben. Alles unter ständigem Rühren 2–3 Minuten braten. Das Basilikum untermengen und sofort servieren.

Variation

Das Gericht kann auch mit roter Currypaste und roter Paprika sowie Karotten zubereitet werden.

Artischocken-Paella

Pasta, asiatische Nudeln & Reis

Zutaten für 4–6 Personen

- ½ TL Safranfäden
- 2 EL heißes Wasser
- 3 EL natives Olivenöl extra
- 1 große Zwiebel, gehackt
- 1 Zucchini, grob gewürfelt
- 2 Knoblauchzehen, zerdrückt
- ¼ TL Cayennepfeffer
- 250 g Tomaten, gehäutet und in Spalten
- 450 g Kichererbsen aus der Dose, abgetropft
- 450 g Artischockenherzen aus der Dose, abgetropft und in dicken Scheiben
- 350 g Paella-Reis
- 1,25 l heiße Gemüsebrühe
- 150 g grüne Bohnen, blanchiert
- Salz und Pfeffer
- 1 Zitrone, in Spalten, zum Servieren

So geht's

Die Safranfäden in das Wasser geben und einige Minuten ziehen lassen.

Unterdessen das Öl in einer Paella-Pfanne erhitzen. Zwiebel und Zucchini darin bei mittlerer Hitze unter Rühren 2–3 Minuten weich dünsten. Knoblauch, Cayennepfeffer und Safran samt Einweichwasser zufügen und 1 Minute mitkochen. Dann Tomaten, Kichererbsen und Artischocken zugeben und alles 2 Minuten unter Wenden dünsten.

Den Reis in die Pfanne geben und 1 Minute anschwitzen. Den Großteil der Brühe zugießen, aufkochen und die Paella 10 Minuten sanft köcheln. Dabei nicht umrühren, die Pfanne nur ein- bis zweimal schütteln. Die Bohnen zufügen und die Paella mit Salz und Pfeffer würzen. Die Pfanne rütteln und alles 10–15 Minuten kochen, bis der Reis gar ist. Wenn nötig, die restliche Brühe zugießen und die Pfanne abermals rütteln.

Sobald die gesamte Flüssigkeit aufgenommen ist und ein leichtes Röstaroma entsteht, die Paella vom Herd nehmen, mit Alufolie abdecken und 5 Minuten ziehen lassen. Anschließend sofort mit den Zitronenspalten servieren.

Gemüse-Paella

Pasta, asiatische Nudeln & Reis

Zutaten für 4–6 Personen

- ½ TL Safranfäden
- 2 EL heißes Wasser
- 100 ml natives Olivenöl extra
- 1 Gemüsezwiebel, in Ringen
- 3 Knoblauchzehen, zerdrückt
- 1 rote Paprika, in Streifen
- 1 orangefarbene Paprika, in Streifen
- 1 große Aubergine, gewürfelt
- 200 g Paella-Reis
- 600 ml Gemüsebrühe
- 450 g Tomaten, gehäutet und gehackt
- Salz und Pfeffer
- 120 g Champignons, in Scheiben
- 120 g grüne Bohnen, halbiert
- 400 g Borlotti-Bohnen aus der Dose

So geht's

Die Safranfäden in das Wasser geben und einige Minuten ziehen lassen.

Unterdessen das Öl in einer Paella-Pfanne erhitzen. Die Zwiebel darin bei mittlerer Hitze 2–3 Minuten weich dünsten. Knoblauch, Paprika und Aubergine zufügen und unter Rühren 5 Minuten mitdünsten.

Den Reis zufügen und 1 Minute anschwitzen. Brühe, Tomaten und Safran samt Einweichwasser zufügen und alles mit Salz und Pfeffer würzen. Die Mischung aufkochen, dann bei reduzierter Hitze 15 Minuten köcheln. Die Pfanne dabei regelmäßig rütteln und ab und zu umrühren.

Champignons, grüne Bohnen und Borlotti-Bohnen samt der Flüssigkeit aus der Dose zugeben. Die Paella weitere 10 Minuten kochen, dann sofort servieren.

Gemüse-Biryani

Pasta, asiatische Nudeln & Reis

Zutaten für 4 Personen

- 120 g Basmati-Naturreis
- einige Safranfäden (nach Belieben)
- 2 EL Pflanzenöl
- 3 Gewürznelken
- Samen von 3 Kardamomkapseln
- 1 Zwiebel, gehackt
- 120 g Karotten, gehackt
- 2–3 Knoblauchzehen, zerdrückt
- 1–2 frische rote Chilis, entkernt und gehackt
- 2,5-cm-Stück frische Ingwerwurzel, gerieben
- 130 g Blumenkohl, in kleinen Röschen
- 200 g Brokkoli, in kleinen Röschen
- 120 g grüne Bohnen, gehackt
- 400 g gehackte Tomaten aus der Dose
- 150 ml Gemüsebrühe
- Salz und Pfeffer
- 130 g Okras, in Scheiben
- 1 EL frisch gehackter Koriander, plus etwas mehr zum Garnieren

So geht's

Den Reis, nach Belieben mit Safranfäden, 25 Minuten in kochendem Salzwasser garen. Dann abgießen und warm halten.

Währenddessen das Öl bei geringer Hitze in einem großen Topf erwärmen. Gewürze, Zwiebel, Karotten, Knoblauch, Chilis und Ingwer darin 5 Minuten unter Rühren anschwitzen.

Blumenkohl, Brokkoli und Bohnen in den Topf geben und 5 Minuten unter Rühren dünsten. Tomaten und Brühe zugeben, mit Salz und Pfeffer würzen und 10 Minuten köcheln lassen.

Die Okras einrühren und alles 8–10 Minuten kochen, bis das Gemüse gar ist. Dann den Koriander einrühren. Eventuell überschüssigen Kochsud abgießen, beiseitestellen und warm halten.

Gemüse und Reis abwechselnd in eine tiefe Auflaufform schichten; dabei jede Schicht andrücken. Das so vorbereitete Gericht 5 Minuten ruhen lassen, dann auf eine vorgewärmte Servierplatte stürzen, mit Koriander garnieren und mit dem beiseitegestellten Sud servieren.

Gemüse & Salate

Käse-Crumble mit Blumenkohl

Gemüse & Salate

Zutaten für 4 Personen

- 1 Blumenkohl, in kleinen Röschen
- 4 EL Butter
- 120 g Champignons, in Scheiben
- Salz und Pfeffer

Streusel

- 120 g trockene Semmelbrösel
- 2 EL geriebener Parmesan
- 1 TL getrockneter Oregano
- 1 TL getrocknete Petersilie
- 2 EL Butter

So geht's

Den Backofen auf 230 °C vorheizen. In einem großen Topf Salzwasser zum Kochen bringen.

Den Blumenkohl im sprudelnden Wasser 3 Minuten kochen. Mit einem Schaumlöffel aus dem Wasser nehmen und in eine große, flache Auflaufform füllen.

3 Esslöffel Butter in einer kleinen Pfanne bei mittlerer Hitze zerlassen. Die Pilze zugeben und gleichmäßig in der Butter wenden. 3 Minuten sanft braten. Vom Herd nehmen und zum Blumenkohl geben. Mit Salz und Pfeffer abschmecken.

Für die Streusel Semmelbrösel, Käse, Kräuter und Butter in einer Schüssel vermengen, mit den Fingern zu Streuseln verarbeiten und über das Gemüse verteilen.

1 Esslöffel Butter in kleinen Flocken daraufsetzen. Den Crumble im Ofen 15 Minuten goldbraun und knusprig backen. Sofort in der Form servieren.

Kartoffel-Fontina-Tarte

Gemüse & Salate

Zutaten für 4 Personen

- 250 g Blätterteig
- Mehl, zum Bestäuben

Füllung

- 3–4 festkochende Kartoffeln, in dünnen Scheiben
- 300 g Fontina, gewürfelt
- 1 rote Zwiebel, in dünnen Ringen
- 3 große, frische Rosmarinzweige, gehackt
- 3 EL natives Olivenöl extra
- Salz und Pfeffer
- 1 Eigelb

So geht's

Den Backofen auf 190 °C vorheizen. Den Teig auf einer bemehlten Arbeitsfläche zu einem großen Kreis formen. So in eine Quiche-Form (20 cm Ø) legen, dass ein 2 cm hoher Rand entsteht.

Den Teig fächerartig mit den Kartoffelscheiben belegen.

Käsewürfel und Zwiebel darauf verteilen, mit dem Rosmarin bestreuen und mit dem Öl beträufeln. Mit Salz und Pfeffer würzen, zuletzt den Teigrand mit dem Eigelb bestreichen.

Die Tarte 25 Minuten backen, bis die Kartoffeln gar sind und der Teig braun und knusprig ist. Sofort servieren.

Kartoffel-Gratin

Gemüse & Salate

Zutaten für 4–6 Personen

- 1 kg mehligkochende Kartoffeln, in dünnen Scheiben
- 1 große Knoblauchzehe, halbiert
- Butter, zum Einfetten und Überbacken
- 250 g Schlagsahne
- Salz und Pfeffer
- 1 Msp. frisch geriebene Muskatnuss
- 175 g Gruyère, fein gerieben

So geht's

Den Backofen auf 190 °C vorheizen. Die Kartoffelscheiben in eine Schüssel geben, mit kaltem Wasser bedecken und 5 Minuten stehen lassen. Abgießen und gründlich abtropfen lassen.

Unterdessen eine ovale Auflaufform (1,4 l Inhalt) mit den Schnittflächen der Knoblauchzehe einreiben. Dabei kräftig drücken, damit der Knoblauch sein Aroma vollständig entfalten kann. Anschließend die Seitenwände der Form mit etwas Butter einfetten.

Kartoffeln und Sahne in eine Schüssel geben und mit Salz, Pfeffer und Muskat würzen. Die Mischung gut vermengen und die Kartoffeln in die vorbereitete Form füllen. Zuletzt eventuell in der Schüssel verbliebene Sahnereste zugießen.

Die Kartoffeln mit dem Käse bestreuen, einige Butterflocken daraufsetzen. Das so vorbereitete Gratin in den Ofen schieben und 1–1½ Stunden backen, bis die Kartoffeln gar sind und die obere Käseschicht goldbraun und knusprig ist. Das fertige Gratin vor dem Servieren etwa 2 Minuten abkühlen lassen.

Porree-Spinat-Tarte

Gemüse & Salate

Zutaten für 6–8 Personen

- 250 g Blätterteig
- 2 EL Butter
- 2 Porreestangen, in dünnen Ringen
- 250 g Spinat, gehackt
- 2 Eier
- 300 g Schlagsahne
- 1 Prise getrockneter Thymian
- Salz und Pfeffer

So geht's

Den Backofen auf 180 °C vorheizen. Den Blätterteig zu einem etwa 25 cm x 30 cm großen Rechteck ausrollen. 5 Minuten ruhen lassen, dann in eine 20 cm x 25 cm große Kuchenform legen. Überhänge nicht wegschneiden. Die Form mit Alufolie abdecken und in den Kühlschrank stellen.

Die Butter in einer großen, schweren Pfanne bei mittlerer Hitze zerlassen. Den Porree unter Rühren 5 Minuten darin weich dünsten. Den Spinat zufügen und weitere 3 Minuten garen. Abkühlen lassen.

Die Eier in einer Schüssel verquirlen. Die Sahne unterrühren und mit Thymian, Salz und Pfeffer würzen. Den Blätterteig aus dem Kühlschrank nehmen und die Folie entfernen. Das Gemüse auf dem Teigboden verteilen und die Eimasse darübergießen.

Die Tarte etwa 30 Minuten im Ofen backen, bis die Eimasse gestockt ist. Aus dem Ofen herausnehmen, 10 Minuten ruhen lassen und die Tarte in der Form servieren.

Gefüllte Ofenkartoffeln

Gemüse & Salate

Zutaten für 4 Personen

- 1 kg große Kartoffeln, abgebürstet
- 2 EL Pflanzenöl
- 1 TL grobes Meersalz
- 120 g Butter
- 1 kleine Zwiebel, gehackt
- Salz und Pfeffer
- 150 g frisch geriebener mittelalter Gouda oder zerbröckelter Blauschimmelkäse
- frischer Schnittlauch, zum Garnieren

Nach Belieben

- 4 EL Mais
- 4 EL gegarte Champignons, Zucchini oder Paprika

So geht's

Den Backofen auf 190 °C vorheizen. Die Kartoffeln mit einer Gabel einstechen, mit dem Öl beträufeln, mit dem Salz bestreuen und auf einem Backblech 1 Stunde backen. Die Schale sollte knusprig und das Innere weich sein, wenn man hineinsticht.

Unterdessen in einer kleinen Pfanne 1 Esslöffel Butter zerlassen. Die Zwiebel darin 4–5 Minuten andünsten, bis sie weich und goldbraun ist. Beiseitestellen.

Die Kartoffeln aus dem Ofen nehmen und längs halbieren. Das Fruchtfleisch vorsichtig ausschaben und in eine große Schüssel geben, die Schalen beiseitestellen. Die Backofentemperatur auf 200 °C erhöhen.

Die Kartoffelmasse grob zerstampfen und mit der Zwiebel und der restlichen Butter mischen. Mit Salz und Pfeffer würzen und nach Belieben Mais und/oder Pilze, Zucchini oder Paprika zufügen. Die Masse in die Kartoffelschalen füllen und mit dem Käse bestreuen.

Die Kartoffeln im Ofen 10 Minuten backen, bis der Käse goldbraun wird. Mit Schnittlauch garniert servieren.

Gemüse-Chili

Gemüse & Salate

Zutaten für 4 Personen

- 1 Aubergine, in 2,5 cm dicken Scheiben
- 1 EL natives Olivenöl extra, plus etwas mehr zum Einfetten
- 1 große rote Zwiebel, fein gehackt
- 2 rote oder gelbe Paprika, in kleinen Würfeln
- 3–4 Knoblauchzehen, zerdrückt
- 800 g gehackte Tomaten aus der Dose
- 1 EL mildes Chilipulver
- ½ TL gemahlener Kreuzkümmel
- ½ TL getrockneter Oregano
- Salz und Pfeffer
- 2 kleine Zucchini, in Würfeln
- 400 g Kidneybohnen aus der Dose, abgespült und abgetropft
- 450 ml Wasser
- 1 EL Tomatenmark

Zum Servieren

- 6 Frühlingszwiebeln, in dünnen Ringen
- 120 g Gouda, gerieben

So geht's

Die Auberginenscheiben auf einer Seite mit Öl einpinseln. Die Hälfte des Öls in einer großen Pfanne auf mittlerer Stufe erhitzen. Die Auberginenscheiben mit der eingefetteten Seite nach oben in die Pfanne legen und 5–6 Minuten anbraten. Wenden und auch die zweite Seite bräunen. Auf einen Teller legen und in mundgerechte Stücke schneiden.

Das restliche Öl in einem großen Topf auf mittlerer Stufe erhitzen. Zwiebel und Paprika zugeben und unter Rühren 3–4 Minuten weich dünsten. Den Knoblauch zufügen und weitere 2–3 Minuten dünsten.

Tomaten, Chilipulver, Kreuzkümmel und Oregano einrühren. Mit Salz und Pfeffer abschmecken und aufkochen. Die Hitze reduzieren und 15 Minuten köcheln lassen.

Zucchini, Auberginen und Kidneybohnen zugeben. Wasser und Tomatenmark einrühren. Noch einmal aufkochen. Abdecken und 45 Minuten köcheln. Mit Salz und Pfeffer abschmecken. Mit Frühlingszwiebeln und Käse bestreut in einer vorgewärmten Schüssel servieren.

Zwiebel-Tarte

Gemüse & Salate

Zutaten für 4 Personen

- 100 g Butter, plus etwas mehr zum Einfetten
- 600 g Zwiebeln, in dünnen Ringen
- 2 Eier
- 100 g Schlagsahne
- Salz und Pfeffer
- 100 g frisch geriebener Gruyère
- Pizza- oder Quiche-Fertigteig
- 100 g grob geriebener Parmesan

So geht's

Die Butter bei mittlerer Hitze in einer Pfanne zerlassen. Die Zwiebeln darin unter häufigem Rühren 30 Minuten gut bräunen. Aus der Pfanne heben und beiseitestellen.

Den Backofen auf 190 °C vorheizen. Die Eier in einer großen Schüssel verquirlen. Die Sahne einrühren und mit Salz und Pfeffer würzen. Den Gruyère zugeben und gut vermengen. Dann die Zwiebeln hinzufügen.

Den Teig ausrollen und eine eingefettete Quiche-Form (20 cm Ø) damit auslegen. Die Zwiebel-Ei-Masse auf den Teig geben und mit dem Parmesan bestreuen. Im Ofen 15–20 Minuten backen, bis die Füllung gestockt und leicht gebräunt ist.

Die Tarte aus dem Ofen nehmen und mindestens 10 Minuten ruhen lassen. Sie kann entweder heiß oder auf Zimmertemperatur abgekühlt serviert werden.

Cocktailtomaten-Clafoutis

Gemüse & Salate

Zutaten für 4–6 Personen

- Butter, zum Einfetten
- 400 g Cocktailtomaten
- 3 EL frisch gehackte glatte Petersilie
- 3 EL frisch gehackte Schnittlauchröllchen
- 3 EL frisch gehacktes Basilikum
- 100 g frisch geriebener Gruyère
- 50 g Mehl
- 4 große Eier, leicht verquirlt
- 3 EL Crème fraîche
- 220 ml Milch
- Salz und Pfeffer

So geht's

Den Backofen auf 190 °C vorheizen. Eine ovale Auflaufform (1,5 l Inhalt) leicht einfetten. Die Cocktailtomaten einfüllen und mit den Kräutern sowie der Hälfte des Käses bestreuen.

Das Mehl in eine Schüssel geben. Nach und nach die Eier zufügen und glatt rühren. Crème fraîche und Milch einrühren, bis ein dünner, glatter Teig entsteht. Mit Salz und Pfeffer würzen.

Den Teig über die Tomaten gießen und mit dem restlichen Käse bestreuen. Den so vorbereiteten Clafoutis 40–45 Minuten backen, bis er aufgegangen und fest geworden ist. Sollte der Teig zu stark bräunen, bevor er gar ist, den Clafoutis mit Alufolie abdecken. Das fertige Gericht nach dem Backen nur kurz ruhen lassen und heiß servieren oder abkühlen lassen und zimmerwarm genießen.

Zucchini-Gratin

Gemüse & Salate

Zutaten für 4 Personen

- 4 Zucchini
- 2 EL natives Olivenöl extra
- 120 g Mozzarella, in dünnen Scheiben
- 2 große Tomaten, entkernt und in Würfeln
- 2 TL frisch gehacktes Basilikum oder frisch gehackter Oregano

So geht's

Den Backofen auf 200 °C vorheizen. Die Zucchini in jeweils vier Längsscheiben schneiden. Mit dem Öl bestreichen und auf ein Backblech legen.

Die Scheiben 10 Minuten im Ofen backen, dabei nicht zu weich werden lassen.

Herausnehmen und mit dem Mozzarella belegen. Tomaten und Basilikum oder Oregano darauf verteilen. Die Zucchini 5 Minuten im Ofen überbacken, bis der Käse geschmolzen ist.

Das Gratin aus dem Ofen nehmen und heiß servieren.

Röstgemüse mit Kartoffeln

Gemüse & Salate

Zutaten für 4 Personen

- 300 g Kartoffeln, abgebürstet
- 200 g Aubergine, in 1 cm großen Würfeln
- 150 g rote Zwiebeln, in 5 mm breiten Ringen
- 200 g gemischte Paprika, in 1 cm breiten Streifen
- 150 g Zucchini, längs halbiert und in 1 cm dicken Scheiben
- 120 g Cocktailtomaten
- 1 TL frisch gehackte Petersilie, zum Garnieren

Zum Servieren

- 100 g Frischkäse
- 1 TL klarer Honig
- 1 Prise Paprikapulver

Marinade

- 1 TL Pflanzenöl
- 1 EL Zitronensaft
- 4 EL Weißwein
- 1 TL Zucker
- 2 EL frisch gehacktes Basilikum
- 1 TL frisch gehackter Rosmarin
- 1 EL frisch gehackter Zitronenthymian
- ½ TL Paprikapulver

So geht's

Den Backofen auf 200 °C vorheizen. Die Kartoffeln auf einem Backblech 30 Minuten backen. Sie sollen innen noch nicht ganz gar sein. Herausnehmen und in Spalten schneiden. Den Ofen angeschaltet lassen.

Für die Marinade alle Zutaten in einer Schüssel mit einem Schneebesen oder Handrührgerät glatt rühren.

Kartoffelspalten, Aubergine, Zwiebeln, Paprika und Zucchini in eine große Schüssel geben, mit der Marinade übergießen und gründlich vermengen.

Das Gemüse auf ein beschichtetes oder mit Alufolie ausgelegtes Backblech legen und unter Wenden 25–30 Minuten rösten, bis es goldbraun und gar ist. Während der letzten 5 Minuten Backzeit die Tomaten zufügen, damit sie warm werden und ihre Haut nur leicht aufplatzt.

Frischkäse, Honig und Paprikapulver in einer kleinen Schale mischen. Das fertige Gemüse mit der Petersilie garnieren und mit der Frischkäsemischung servieren.

Brokkoli-Sesam-Frittata

Gemüse & Salate

Zutaten für 2 Personen

- 150 g Brokkoli, in kleinen Röschen
- 100 g grüner Spargel, in diagonalen Scheiben
- 1 EL natives Olivenöl extra
- 1 Zwiebel, in kleinen Spalten
- 2–4 Knoblauchzehen, fein gehackt
- 1 große orangefarbene Paprika, gehackt
- 4 Eier
- 3 EL kaltes Wasser
- Salz und Pfeffer
- 1½ EL Sesamsaat
- 1 EL frisch geriebener Parmesan
- 3 Frühlingszwiebeln, in dünnen Ringen, zum Garnieren

So geht's

Den Brokkoli in einem Topf mit leicht gesalzenem Wasser 2 Minuten kochen. Den Spargel zugeben und weitere 2 Minuten kochen. Das Wasser abgießen und das Gemüse abtropfen lassen. In kaltes Wasser legen und erneut abtropfen lassen.

Das Öl in einer großen, ofenfesten Pfanne auf niedriger Stufe erhitzen. Zwiebel, Knoblauch und Paprika zugeben und unter häufigem Rühren 8 Minuten anbraten, bis das Gemüse weich wird.

Die Eier in einer Schüssel mit Wasser, Salz und Pfeffer verquirlen. In die Pfanne gießen, Brokkoli und Spargel zufügen und vorsichtig einrühren. Bei mittlerer Hitze 3–4 Minuten garen. Dabei die Frittata-Mischung in die Pfannenmitte schieben und das flüssige Ei zu den Pfannenrändern hin fließen lassen. Den Backofengrill vorheizen.

Die Frittata mit Sesam und Parmesan bestreuen und 3–5 Minuten auf die obere Schiene stellen, bis sie goldbraun und gestockt ist. Mit den Frühlingszwiebeln garnieren und in Stücke schneiden. Entweder warm oder kalt servieren.

Pilz-Stroganoff

Gemüse & Salate

Zutaten für 4 Personen

- 500 g gemischte frische Pilze, z. B. Champignons, Pfifferlinge, Steinpilze und Austernpilze
- 1 rote Zwiebel, gewürfelt
- 2 Knoblauchzehen, zerdrückt
- 400 ml Gemüsebrühe
- 1 EL Tomatenmark
- 2 EL Zitronensaft
- 1 EL Speisestärke
- 2 EL kaltes Wasser
- 120 g fettarmer Naturjoghurt
- 3 EL frisch gehackte Petersilie
- Pfeffer

Zum Servieren

- gekochter Vollkorn- oder weißer Reis
- frischer grüner Salat

So geht's

Pilze, Zwiebel, Knoblauch, Brühe, Tomatenmark und Zitronensaft in einem Topf zum Kochen bringen. Dann die Hitze reduzieren, abdecken und 15 Minuten köcheln lassen, bis die Zwiebel weich ist.

Die Speisestärke in einer kleinen Schüssel mit dem Wasser vermengen und unter die Pilzmischung rühren. Erneut unter ständigem Rühren aufkochen und die Sauce einkochen. Die Hitze reduzieren und weitere 2–3 Minuten unter gelegentlichem Rühren köcheln.

Kurz vor dem Servieren den Topf vom Herd nehmen und den Joghurt einrühren. Das Gericht darf nicht mehr kochen, sonst gerinnt der Joghurt. 2 Esslöffel Petersilie zugeben und alles mit Pfeffer abschmecken. Die fertigen Pilze in eine vorgewärmte Servierschüssel geben, mit der restlichen Petersilie bestreuen und sofort mit Vollkorn- oder weißem Reis und grünem Salat servieren.

Zucchini-Karotten-Frittata

Gemüse & Salate

Zutaten für 2 Personen

- 1 TL Olivenöl
- 1 Zwiebel, in schmalen Spalten
- 1–2 Knoblauchzehen, zerdrückt
- 2 Eier
- 2 Eiweiß
- 1 Zucchini, geschält und gerieben
- 2 Karotten, gerieben
- 2 Tomaten, gehackt
- Pfeffer
- 1 EL frisch gehacktes Basilikum, zum Garnieren

So geht's

Das Öl in einer großen Pfanne erhitzen. Zwiebel und Knoblauch darin unter Rühren andünsten. Eier und Eiweiß in einer Schüssel verquirlen und in die Pfanne geben. Mit einem Pfannenwender die Eimasse sofort vom Rand in die Pfannenmitte schieben.

Sobald das Ei leicht stockt, Zucchini, Karotten und Tomaten zufügen. Mit Pfeffer würzen und bei geringer Hitze backen, bis die Masse die gewünschte Konsistenz erreicht hat.

Mit dem Basilikum garnieren und die Frittata vierteln. Sofort servieren.

Knoblauch-Kartoffel-Püree

Gemüse & Salate

Zutaten für 4 Personen

- 2 ganze Knoblauchknollen
- 1 EL Olivenöl
- 1 kg mehligkochende Kartoffeln
- 125 ml Milch
- 50 g Butter
- Salz und Pfeffer

So geht's

Den Backofen auf 180 °C vorheizen. Die Knoblauchknollen in einzelne Zehen zerlegen, in die Mitte eines großen Stücks Alufolie geben und mit dem Öl beträufeln. Die Zehen in die Folie einschlagen und etwa 1 Stunde im Ofen garen, bis sie sehr weich sind. Herausnehmen und etwas abkühlen lassen.

Die Kartoffeln schälen, in Stücke schneiden und in einem Topf mit Salzwasser etwa 15 Minuten gar kochen.

Die Knoblauchzehen aus der Schale drücken und durch ein Haarsieb in einen kleinen Topf streichen. Milch, Butter, Salz und Pfeffer zufügen und erhitzen, bis die Butter zerlassen ist.

Die Kartoffeln abgießen und im Topf zu einem glatten Püree zerstampfen. Die Knoblauchmischung zugeben und unterrühren, dabei sanft erhitzen.

Schnelle Pizzastücke

Gemüse & Salate

Zutaten für 4–6 Stücke

- 1 Fertig-Pizzaboden (23 cm Ø) oder Ciabatta
- frische Basilikumblätter, zum Garnieren

Tomatenbelag
- 150 g passierte Tomaten
- 3 EL Tomatenmark
- 2 Knoblauchzehen, zerdrückt
- 1 Prise Zucker
- Salz und Pfeffer
- 10–12 Cocktailtomaten, halbiert

Käsebelag
- 150 g passierte Tomaten
- 3 EL Tomatenmark
- Salz und Pfeffer
- 100 g Paprika, geröstet und in Scheiben
- einige schwarze Oliven
- 100 g Mozzarella, zerzupft
- 50 g frisch geriebener Parmesan

So geht's

Den Backofen auf 200 °C vorheizen. Den Pizzaboden in 4–6 Stücke einteilen oder die Ciabatta längs und quer teilen und auf ein Backblech legen. Für den Tomatenbelag passierte Tomaten, Tomatenmark, Knoblauch, Zucker, Salz und Pfeffer in einer Schüssel vermengen. Über den Pizzaboden oder die Ciabatta streichen und die Cocktailtomaten darüber verteilen.

Alternativ für den Käsebelag passierte Tomaten, Tomatenmark und Salz und Pfeffer in einer Schüssel vermengen und über den Pizzaboden oder die Ciabatta streichen. Paprika, Oliven, Mozzarella und Parmesan darüber verteilen.

8–10 Minuten knusprig backen. Mit Basilikumblättern garnieren und sofort servieren.

Variation

Die Pizzastücke können mit den verschiedensten Zutaten belegt werden, beispielsweise mit Pilzen, Ananasstücken für eine exotische oder Chili für eine scharfe Variante.

Colcannon

Gemüse & Salate

Zutaten für 4 Personen

- 250 g Grünkohl, in Streifen
- 100 ml Milch
- 250 g mehligkochende Kartoffeln, in Würfeln
- 1 große Porreestange, in Ringen
- 1 Prise frisch geriebene Muskatnuss
- Salz und Pfeffer
- 1 EL Butter, in 4 Stücken

So geht's

Den Grünkohl 7–10 Minuten in kochendem Salzwasser blanchieren. Abtropfen lassen und beiseitestellen.

Unterdessen die Milch in einem separaten Topf kurz aufkochen. Kartoffeln und Porree zufügen, die Hitze reduzieren und das Gemüse 15–20 Minuten köcheln.

Die Muskatnuss zugeben und das Gemüse zu einem groben Püree verarbeiten.

Den blanchierten Grünkohl zufügen. Alles mit Salz und Pfeffer abschmecken und gut verrühren.

Die Kartoffel-Kohl-Mischung in vier Schalen füllen. Nach Belieben mit einem Löffelrücken eine Vertiefung in die Mitte drücken. Je ein Butterstück in die Vertiefung geben und den fertigen Colcannon heiß servieren.

Thai-Gemüsecurry mit Reis

Gemüse & Salate

Zutaten für 4 Personen

- 50 g gelbe Paprika
- 50 g Sellerie
- 50 g Babymaiskolben
- 100 g Porree
- 100 g Süßkartoffeln
- 300 ml Ananassaft
- 200 ml Wasser
- 100 g Pak Choi
- 50 g Zuckererbsen
- 50 g Zucchini
- 3 EL Limettensaft
- 2 EL Speisestärke
- 4 EL fettarmer Naturjoghurt
- 4 EL frisch gehackter Koriander
- 150 g gekochter Basmati-Naturreis, zum Servieren

Gewürzmischung

- 1 TL fein gehackter Knoblauch
- ¼ TL gemahlene Kurkuma
- 1 TL gemahlener Koriander
- 1 TL fein gehacktes Zitronengras
- 3 Kaffir-Limettenblätter
- 1 TL fein gehackte grüne Chili

So geht's

Für die Gewürzmischung alle Gewürze in einem Mörser zu einer feinen Paste zerreiben.

Paprika, Sellerie, Babymais, Porree und Süßkartoffeln in 1 cm große Stücke schneiden. Alles mit Ananassaft, Wasser und der Gewürzmischung in eine große Pfanne geben und aufkochen. Die Hitze reduzieren und den Schaum mit einem Metalllöffel abschöpfen. Abgedeckt 15 Minuten köcheln lassen.

Pak Choi und Zuckererbsen in dünne Streifen, Zucchini in 1 cm große Stücke schneiden. Zum Gemüse in die Pfanne geben und 2 Minuten kochen. Den Limettensaft hinzufügen.

Die Speisestärke in etwas Wasser auflösen und langsam einrühren. Unter ständigem Rühren weiterkochen, bis das Curry ausreichend eingedickt ist.

Das Curry von der Herdplatte nehmen und 2–3 Minuten abkühlen lassen. Den Joghurt einrühren, wenn das Curry nicht mehr kocht, damit er nicht gerinnt. Den frischen Koriander untermengen und mit Reis servieren.

Risotto mit Kürbisspalten

Gemüse & Salate

Zutaten für 4 Personen

- 200 g Butternuss-Kürbis oder eine andere Kürbissorte, entkernt, geschält, in 4 Spalten
- 1 TL Pflanzenöl
- 100 g Zwiebeln, fein gehackt
- 1 TL frisch zerdrückter Knoblauch
- 70 g Risotto-Reis
- 300 ml Gemüsebrühe
- 250 g grüner Spargel
- 2 EL fein gehackter Majoran, plus etwas mehr zum Garnieren
- 3 EL fettarmer Frischkäse
- 2 EL frisch gehackte Petersilie
- Pfeffer

So geht's

Den Backofen auf 200 °C vorheizen. Die Kürbisspalten auf ein beschichtetes Backblech legen und im Ofen 20 Minuten backen, bis der Kürbis goldbraun ist.

Unterdessen das Öl auf hoher Stufe in einer Pfanne erhitzen. Zwiebeln und Knoblauch darin unter Rühren andünsten, bis alles weich, aber nicht gebräunt ist. Den Reis zugeben und die Hälfte der Gemüsebrühe zugießen. Unter gelegentlichem Rühren köcheln, bis die Brühe eingekocht ist. Die restliche Brühe zugießen. Weiterkochen, bis der Reis gar ist.

200 g Spargel in 10-cm-Stücke schneiden und in kochendem Wasser 4 Minuten blanchieren. Abgießen und warm halten. Den restlichen Spargel in dünne Scheiben schneiden und für die letzten 3 Minuten Kochzeit zum Risotto geben.

Den Risotto vom Herd nehmen. Majoran, Frischkäse und Petersilie unterrühren. Mit Pfeffer abschmecken.

Zum Servieren die Kürbisspalten auf vorgewärmten Tellern anrichten, den Risotto darübergeben und mit dem Spargel krönen. Mit Majoran garnieren.

Rosenkohl mit Maronen

Zutaten für 4 Personen

- 450 g Rosenkohl
- Salz
- 120 g Butter
- 50 g brauner Zucker
- 120 g Maronen, gekocht und geschält

So geht's

Den Rosenkohl in kochendem Salzwasser 5–10 Minuten garen, aber nicht zu weich werden lassen. Das Wasser abgießen, den Kohl in kaltem Wasser abschrecken und abtropfen lassen. Beiseitestellen.

Die Butter auf mittlerer Stufe in einer Pfanne zerlassen. Den Zucker hineingeben und rühren, bis er sich aufgelöst hat. Die Maronen zugeben und in der Zuckermischung gelegentlich wenden, bis sie gleichmäßig überzogen sind und anfangen, braun zu werden.

Den Rosenkohl zu den Maronen in die Pfanne geben und alles gut vermengen. Die Hitze reduzieren und 3–4 Minuten weiterbraten, um alles gleichmäßig zu erwärmen. Dabei hin und wieder umrühren.

In eine vorgewärmte Schale geben und sofort servieren.

Gebackene Zwiebeln

Gemüse & Salate

Zutaten für 4 Personen

- 8 große Zwiebeln, geschält
- 3 EL Olivenöl
- 50 g Butter
- 2 TL frisch gehackter Thymian
- Salz und Pfeffer
- 200 g geriebener Cheddar

So geht's

Den Backofen auf 180 °C vorheizen. Die Zwiebeln an den spitzen Enden kreuzweise tief einschneiden, in eine Auflaufform geben und mit dem Olivenöl beträufeln.

Die Butter in die Kreuzschnitte drücken, mit dem Thymian bestreuen, dann salzen und pfeffern. Mit Alufolie abdecken und im Ofen 40–45 Minuten backen.

Aus dem Ofen nehmen, die Folie entfernen und die Zwiebeln mit dem ausgetretenen Saft begießen. Wieder in den Ofen stellen und weitere 15 Minuten unbedeckt backen, bis die Zwiebeln goldbraun sind.

Die Zwiebeln aus dem Ofen nehmen und mit dem Käse bestreuen. Erneut für einige Minuten überbacken, bis der Käse zu schmelzen beginnt. Sofort servieren.

Griechischer Salat

Gemüse & Salate

Zutaten für 4 Personen

- 4 Tomaten, in Spalten
- 1 Zwiebel, in Ringen
- ½ Salatgurke, in Scheiben
- 250 g Kalamata-Oliven, entsteint
- 200 g Feta, gewürfelt
- 2 EL frische Korianderblätter
- einige Stängel glatte Petersilie, zum Garnieren
- Pita-Brot, zum Servieren

Dressing

- 5 EL natives Olivenöl extra
- 2 EL Weißweinessig
- 1 EL Zitronensaft
- ½ TL Zucker
- 1 EL frisch gehackter Koriander
- Salz und Pfeffer

So geht's

Für das Dressing alle Zutaten in eine große Schüssel geben und gut vermischen.

Tomaten, Zwiebel, Gurke, Oliven, Käse und Koriander zum Dressing geben und alles gut vermengen. Auf vier kleine Salatschalen verteilen, mit Petersilienstängeln garnieren und mit Pita-Brot servieren.

Taboulé

Gemüse & Salate

Zutaten für 4 Personen

- 200 g Bulgur
- 3 EL natives Olivenöl extra
- 4 EL Zitronensaft
- Salz und Pfeffer
- 4 Frühlingszwiebeln, fein gehackt
- 1 grüne Paprika, gehackt
- 4 Tomaten, gehackt
- 2 EL frisch gehackte Petersilie
- 2 EL frisch gehackte Minze
- 8 schwarze Oliven, entsteint, zum Garnieren

So geht's

Den Bulgur in eine große Schüssel geben und mit kaltem Wasser bedecken. 30 Minuten ruhen lassen, bis das Getreide auf das doppelte Volumen aufgequollen ist. Abgießen und so viel Wasser wie möglich herausdrücken. Den Bulgur zum Abtropfen auf Küchenpapier ausbreiten.

Den Bulgur in eine Servierschüssel geben. In einer kleinen Schüssel Olivenöl und Zitronensaft vermischen und mit Salz und Pfeffer abschmecken. Das Dressing über den Bulgur gießen und 1 Stunde ziehen lassen.

Frühlingszwiebeln, Paprika, Tomaten, Petersilie und Minze zum Bulgur zufügen und vorsichtig unterheben. Mit den Oliven garnieren und sofort servieren.

Salat aus gerösteten Paprika

Gemüse & Salate

Zutaten für 8 Personen (als Teil einer Tapas-Mahlzeit)

- 3 rote Paprika
- 3 gelbe Paprika
- 1 EL Kapern
- 8 kleine Oliven
- 2 EL frisch gehackter Majoran, plus einige Zweige zum Garnieren

Dressing

- 5 EL natives Olivenöl extra
- 2 EL Sherryessig oder Zitronensaft
- 2 Knoblauchzehen, zerdrückt
- 1 Prise Zucker
- Salz und Pfeffer

So geht's

Den Backofengrill vorheizen. Die Paprika auf einen Rost oder ein Blech legen und auf die obere Schiene stellen. 10 Minuten grillen, dabei häufig wenden, bis die Haut dunkel wird und Blasen wirft.

Die Paprika aus dem Ofen nehmen, in eine Schüssel legen und sofort mit einem feuchten Geschirrtuch abdecken. Sie dampfen dabei aus, die Haut wird weich und kann dann leichter abgezogen werden. Die Paprika etwa 15 Minuten abkühlen lassen.

Eine Paprika über eine Schüssel halten und mit einem Messer ein kleines Loch einschneiden. Den austretenden Saft in die Schüssel tropfen lassen. Beiseitestellen. Die dunkle Haut abziehen und entsorgen. Die Paprika halbieren, Kerngehäuse, Stiel und Samen entfernen. Das Fruchtfleisch in dünne Streifen schneiden. Auf diese Weise alle Früchte zubereiten. Die Streifen auf einer Servierplatte anrichten.

Für das Dressing alle Zutaten mit dem Paprikasaft mischen. Das Dressing über den Salat träufeln.

Kapern, Oliven und Majoran über den Salat streuen, mit Majoranzweigen garnieren und bei Zimmertemperatur servieren.

Tomaten-Paprika-Salat

Gemüse & Salate

Zutaten für 4 Personen

- 3 rote Paprika
- 4 reife Tomaten
- Salz und Pfeffer
- ½ Bund frisch gehackter Koriander
- 2 Knoblauchzehen, fein gehackt

So geht's

Den Backofengrill vorheizen. Die Paprika auf ein Blech legen und auf der oberen Schiene 15 Minuten rösten, dabei gelegentlich wenden. Die Tomaten hinzufügen und unter Wenden weitere 5–10 Minuten grillen, bis die Haut schwarz wird und aufreißt. Aus dem Ofen nehmen und abkühlen lassen.

Paprika und Tomaten häuten, entkernen und in feine Streifen schneiden. In eine Schüssel geben, vermischen und mit Salz und Pfeffer würzen. Mit Koriander und Knoblauch bestreuen, mit Frischhaltefolie abdecken und im Kühlschrank mindestens 1 Stunde ziehen lassen. Vor dem Servieren die Flüssigkeit abgießen.

Rote-Bete-Salat mit Nüssen

Gemüse & Salate

Zutaten für 4 Personen

- 3 gekochte Rote Beten, in dünnen Spalten
- 3 EL Rotwein- oder Obstessig
- 2 Tafeläpfel, z. B. Granny Smith, entkernt und in Spalten
- 2 EL Zitronensaft
- 4 Handvoll gemischte Salatblätter
- 4 EL Pekannüsse, zum Garnieren

Dressing
- 50 g Naturjoghurt
- 50 ml Mayonnaise
- 1 Knoblauchzehe, gehackt
- 1 EL frisch gehackter Dill
- Salz und Pfeffer

So geht's

Die Roten Beten mit dem Essig beträufeln, mit Frischhaltefolie abdecken und mindestens 4 Stunden im Kühlschrank ziehen lassen.

Die Äpfel auf einen Teller legen und mit dem Zitronensaft beträufeln.

Für das Dressing alle Zutaten in einer kleinen Schüssel mischen. Die Roten Beten aus dem Kühlschrank nehmen und mit dem Dressing beträufeln. Die Äpfel unterheben und gleichmäßig im Dressing wenden.

Je eine Handvoll Salatblätter auf vier Tellern anrichten und 1 Esslöffel Apfel-Rote-Bete-Mischung daraufsetzen.

Die Nüsse in einer trockenen Pfanne mit schwerem Boden bei mittlerer Hitze 2 Minuten goldbraun rösten. Als Garnierung über den Salat streuen.

Salat mit Bohnen & Feta

Gemüse & Salate

Zutaten für 4 Personen

- 350 g grüne Bohnen, ohne Spitzen und Stielansätze
- 1 rote Zwiebel, gehackt
- 3–4 EL frisch gehackter Koriander
- 2 Radieschen, in dünnen Scheiben
- 100 g Feta, zerkrümelt
- 1 TL frisch gehackter oder ½ TL getrockneter Oregano
- Pfeffer
- 2 EL Rotwein- oder Obstessig
- 80 ml Olivenöl
- 10 Cocktailtomaten, geviertelt
- knuspriges Brot, zum Servieren

So geht's

Einen Dampfkochtopf mit Gareinsatz 5 cm hoch mit Wasser füllen. Das Wasser zum Kochen bringen. Die Bohnen in den Gareinsatz geben, abdecken und 5 Minuten dünsten.

Bohnen, Zwiebel, Koriander, Radieschen und Feta in eine Schüssel geben. Den Oregano darüberstreuen und mit Pfeffer würzen.

Essig und Öl glatt rühren, über die Bohnenmischung gießen und vermengen.

Den fertigen Salat auf einer Servierplatte anrichten. Mit den Tomatenspalten umlegen und sofort servieren oder bis zum Verzehr kalt stellen.

Warmer Ziegenkäsesalat

Gemüse & Salate

Zutaten für 4 Personen

- 1 kleiner Eisbergsalat, in mundgerechten Stücken
- 1 Handvoll Rucolablätter
- einige Radicchioblätter, in mundgerechten Stücken
- 6 Scheiben Baguette
- 120 g Ziegenkäse, in 6 Scheiben

Dressing

- 4 EL natives Olivenöl extra
- 1 EL Weißweinessig
- Salz und Pfeffer

So geht's

Den Backofengrill vorheizen. Die verschiedenen Salatsorten auf vier Schüsseln verteilen.

Die Baguettescheiben auf ein Backblech legen, auf die obere Schiene schieben und von einer Seite rösten. Aus dem Ofen nehmen, die Scheiben wenden und auf die ungerösteten Seiten jeweils eine Scheibe Ziegenkäse legen. Erneut in den Ofen schieben und so lange rösten, bis der Käse zu schmelzen beginnt.

Für das Dressing alle Zutaten in eine Schüssel geben und gut verrühren. Auf die vier Salatportionen verteilen und untermischen.

Die gerösteten Baguettescheiben halbieren und je drei Hälften auf jeden Salat legen. Sofort servieren.

Sommerlicher Tomatensalat

Gemüse & Salate

Zutaten für 4 Personen

- 900 g Tomaten, in dünnen Scheiben
- 1 EL Zucker (nach Belieben)
- Salz und Pfeffer
- 1 rote Zwiebel, in feinen Ringen
- 2 EL frisch gehackte gemischte Kräuter, z. B. Estragon, Schnittlauch, Koriander oder Basilikum

Dressing

- 2 EL Rotwein- oder Obstessig
- 2–4 EL Pflanzenöl

So geht's

Die Tomatenscheiben auf einem großen Servierteller anrichten und nach Geschmack mit Zucker bestreuen. Salzen und pfeffern.

Die Zwiebelringe einzeln über den Tomaten verteilen. Mit den Kräutern bestreuen.

Für das Dressing Essig und Öl gut verrühren und über die Tomaten gießen.

Mit Frischhaltefolie abdecken und 20 Minuten im Kühlschrank ziehen lassen. Den Salat 5 Minuten vor dem Servieren aus dem Kühlschrank nehmen.

Brokkoli in Sojasauce

Gemüse & Salate

Zutaten für 4 Personen

- 2 EL Pflanzenöl
- 2 Brokkoli, in Röschen
- 2 EL Sojasauce
- 1 TL Speisestärke
- 1 EL Zucker
- 1 TL frisch geriebene Ingwerwurzel
- 1 Knoblauchzehe, zerdrückt
- 1 Prise Chiliflocken
- 1 TL geröstete Sesamsaat, zum Garnieren

So geht's

Das Öl in einer großen Pfanne oder einem Wok auf hoher Stufe erhitzen, bis es fast raucht. Den Brokkoli 4–5 Minuten darin anbraten. Die Hitze auf mittlere Stufe reduzieren.

In einer kleinen Schüssel Sojasauce, Speisestärke, Zucker, Ingwer, Knoblauch und Chiliflocken vermischen. Die Mischung zum Brokkoli geben und unter ständigem Rühren 2–3 Minuten kochen, bis die Sauce eindickt.

Auf vorgewärmten Serviertellern anrichten, mit dem Sesam garnieren und sofort servieren.

Desserts

Joghurt-Zitronen-Eis

Desserts

Zutaten für 4–6 Personen

- 100 ml frisch gepresster Zitronensaft
- 650 g cremiger Naturjoghurt
- 150 g Konditorsahne (mind. 36 % Fett)
- 100 g feiner Zucker
- Zitronenzesten, zum Dekorieren

So geht's

Zitronensaft, Joghurt, Sahne und Zucker in einer Schüssel sorgfältig zu einer Creme verrühren.

Die Creme in einen geeigneten Behälter füllen und offen 1–2 Stunden gefrieren, bis sie am Rand fest wird. Dann die Masse in eine Schüssel geben und mit einer Gabel oder in der Küchenmaschine glatt rühren.

Wieder in den Gefrierbehälter füllen und weitere 2–3 Stunden gefrieren, bis das Eis fest ist. Zum Lagern den Behälter mit einem Deckel verschließen. Bei Gebrauch der Eismaschine die Creme in die Maschine füllen und nach Anleitung verfahren. Das Eis mit Zitronenzesten dekoriert servieren.

Geeiste Früchte

Desserts

Zutaten für 4 Personen

- 1 Ananas, gewürfelt
- 1 großes Stück Wassermelone, gewürfelt
- 250 g Erdbeeren oder andere Beeren, geputzt und grob zerkleinert
- 1 Mango, Pfirsich oder Nektarine, geschält und gewürfelt
- 1 Banane, in Scheiben
- Orangensaft (nach Belieben)
- feiner Zucker oder Fruchtzucker (nach Belieben)

So geht's

Zwei kleine Backbleche mit Frischhaltefolie auslegen, die Früchte darauf verteilen und etwa 2 Stunden gefrieren, bis sie sehr kalt und fast fest sind.

Die Früchte jeweils sortenweise in eine Küchenmaschine geben und in kleine Stücke hacken.

Nach Belieben jeweils etwas Orangensaft und Zucker zugeben und die Früchte in der Küchenmaschine pürieren, bis eine körnige Masse entstanden ist. Die fertigen Fruchtpürees auf gekühlte Portionsschüsseln verteilen und sofort servieren.

Cremiges Vanilleeis

Desserts

Zutaten für 4–6 Personen

- 600 g Konditorsahne (mind. 36 % Fett)
- 1 Vanillestange
- 4 große Eigelb
- 100 g feiner Zucker

So geht's

Die Sahne in einen Topf gießen. Die Vanillestange längs aufschlitzen und das Mark herauskratzen. Stange und Mark in die Sahne geben und zum Sieden bringen. Vom Herd nehmen und 30 Minuten ziehen lassen.

Eigelb und Zucker in eine große Schüssel geben und verquirlen, bis die Masse cremig und dickflüssig ist. Die Vanillestange aus der Sahne entfernen. Diese in einem dünnen Strahl unter Rühren zur Eimasse geben. Die Creme durch ein Haarsieb in einen Topf passieren und 10–15 Minuten bei geringer Hitze eindicken, bis sie den Rücken eines Löffels überzieht. Die Creme nicht kochen, sonst gerinnt sie. Alternativ über Wasserdampf eindicken. Den Topf vom Herd nehmen und die Creme mindestens 1 Stunde abkühlen lassen. Gelegentlich rühren, damit sich keine Haut bildet.

Die erkaltete Creme in einen geeigneten Behälter füllen und offen 1–2 Stunden gefrieren, bis sie am Rand fest wird. Die Masse in eine Schüssel geben und mit einer Gabel oder in der Küchenmaschine glatt rühren. Wieder in den Gefrierbehälter füllen und weitere 2–3 Stunden gefrieren, bis das Eis fest ist. Zum Lagern den Behälter mit einem Deckel verschließen. Alternativ die erkaltete Creme in die Eismaschine füllen und nach Anleitung verfahren.

Gefrorener Blaubeerjoghurt

Desserts

Zutaten für 4 Personen

- 200 g frische Blaubeeren
- fein abgeriebene Schale und Saft von 1 Orange
- 3 EL Ahornsirup
- 500 g fettarmer Naturjoghurt

So geht's

Blaubeeren sowie Orangenschale und -saft in der Küchenmaschine oder mit dem Pürierstab pürieren, dann durch ein Haarsieb in eine Schüssel passieren.

Ahornsirup und Joghurt in einer großen Schüssel mischen, anschließend das Fruchtpüree unterheben.

Die Mischung entweder in einer Eismaschine nach Anleitung verarbeiten und 5–6 Stunden gefrieren oder in einen Gefrierbehälter geben und 2 Stunden gefrieren. Aus dem Eisfach nehmen, in eine Schüssel füllen und glatt rühren. Wieder ins Eisfach stellen und gefrieren, bis die Masse fest ist.

Mangocreme mit Karamell

Desserts

Zutaten für 4 Personen

- 2 Mangos, halbiert und entsteint
- 250 g Mascarpone
- 200 g Sahnejoghurt
- 1 TL gemahlener Ingwer
- abgeriebene Schale und Saft von 1 Limette
- 200 g brauner Zucker

So geht's

Die Mangos schälen. Das Fruchtfleisch würfeln und auf vier Soufflé-Förmchen verteilen.

Den Mascarpone mit dem Joghurt verrühren. Ingwer, Limettenschale und -saft sowie 2 Esslöffel Zucker unterziehen. Die Mischung auf die Soufflé-Förmchen verteilen und glatt streichen. 2 Stunden kühl stellen.

Den Backofengrill vorheizen. Den restlichen Zucker über die Creme streuen, sodass die Töpfchen gleichmäßig bedeckt sind. Dann 2–3 Minuten im Backofengrill bei starker Hitze auf der obersten Ofenschiene überbacken, bis der Zucker schmilzt und eine knusprig braune Kruste bildet. Abkühlen lassen und bis zum Servieren in den Kühlschrank stellen. Am besten am Tag der Zubereitung verzehren.

Crème Caramel

Desserts

Zutaten für 6 Personen

- 500 ml Milch
- ½ Orange und 2 lange, dünne Streifen Orangenschale
- 1 Vanillestange, aufgeschlitzt, oder 3 Tropfen Vanillearoma
- 180 g feiner Zucker
- 4 EL Wasser
- Butter, zum Einfetten
- 3 große Eier
- 2 große Eigelb

So geht's

Den Backofen auf 160 °C vorheizen. Milch, Orangenschale und Vanille in einem Topf aufkochen, dann vom Herd nehmen und 100 g Zucker unterrühren. Beiseitestellen und mindestens 30 Minuten ziehen lassen.

Unterdessen den restlichen Zucker mit dem Wasser in einem weiteren Topf bei mittlerer Hitze erwärmen. Unter Rühren den Zucker auflösen und kochen, bis sich der Karamell goldbraun färbt. Vom Herd nehmen, einige Tropfen Orangensaft auspressen und hineingeben, um ein Weiterkochen zu verhindern. In eine mit Butter eingefettete Soufflé-Form (1,2 l Inhalt) gießen, durch Schwenken auf dem Boden verteilen. Beiseitestellen.

Die Milch wieder auf den Herd stellen und köcheln lassen. Eier und Eigelb in einer hitzebeständigen Schüssel verquirlen. Die Milch unter Rühren zugeben. Die Mischung durch ein Haarsieb passieren, dann in die Soufflé-Form füllen.

Die Form auf ein mit Wasser gefülltes Backblech stellen, sodass die Form zur Hälfte im Wasser steht. Im Ofen 1¼–1½ Stunden backen, bis die Masse gestockt ist. Die Form herausnehmen und abkühlen lassen. Abgedeckt über Nacht in den Kühlschrank stellen. Die Crème Caramel vor dem Servieren mit einem Messer von der Form lösen und auf einen Teller stürzen.

Vanilleeis mit Himbeeren

Desserts

Zutaten für 6 Personen

- 100 g Himbeeren, frisch oder Tiefkühlware aufgetaut, plus einige Beeren zum Garnieren
- 2 EL Wasser
- 2 Eier
- 1 EL feiner Zucker
- 300 ml warme Milch
- 5 Tropfen Vanillearoma
- 300 g Schlagsahne

So geht's

Die Himbeeren mit dem Wasser in einen Topf geben und aufkochen. Die Hitze reduzieren und 5 Minuten köcheln. Von der Herdplatte nehmen und 30 Minuten abkühlen lassen. Im Mixer pürieren und anschließend durch ein Sieb passieren. Beiseitestellen.

Die Eier in einer Schüssel verquirlen. Den Zucker in die warme Milch einrühren und die Milch langsam unter Rühren zur Eimasse geben. Die Masse durch ein Haarsieb in einen sauberen Topf passieren und bei niedriger Hitze unter ständigem Rühren 8–10 Minuten köcheln, bis die Sauce eindickt und den Rücken eines Holzlöffels überzieht. Das Vanillearoma hinzugeben, vom Herd nehmen und abkühlen lassen.

Die Sahne in einer großen Schüssel halb steif schlagen und langsam die abgekühlte Vanillesauce einrühren. In eine Gefrierdose füllen und 1½ Stunden ins Gefrierfach stellen, bis die Ränder fest werden. Herausnehmen und umrühren.

Die Eismasse wieder ins Gefrierfach stellen und 1 weitere Stunde lang gefrieren. Herausnehmen und vorsichtig die Himbeersauce einrühren, sodass ein Spiralmuster entsteht. Noch etwa 1 Stunde gefrieren, bis die Mischung ganz gefroren ist. In Kugeln servieren und mit ganzen Himbeeren garnieren.

Sommerlicher Beerenpudding

Desserts

Zutaten für 6 Personen

- 700 g gemischte Beeren, z. B. Rote und Schwarze Johannisbeeren, Himbeeren oder Brombeeren
- 150 g feiner Zucker
- 2 EL Himbeerlikör (nach Belieben)
- 6–8 Scheiben Weißbrot, 1 Tag alt und ohne Kruste
- Schlagsahne, zum Servieren

So geht's

Die Beeren zusammen mit dem Zucker in einen Topf geben. Bei niedriger Hitze langsam zum Kochen bringen. Dabei vorsichtig umrühren, damit der Zucker sich auflöst. 2–3 Minuten bei niedriger Hitze köcheln, bis der Fruchtsaft austritt, die Beeren aber noch ihre Form bewahren. Nach Belieben den Himbeerlikör zufügen.

Das Brot zurechtschneiden und eine Puddingform (875 ml Inhalt) damit auslegen, dabei etwas Brot übrig lassen. Die Beeren mitsamt Saft einfüllen und etwas Saft für später beiseitestellen.

Die Beeren mit dem restlichen Brot bedecken. Einen kleinen Teller obenauf legen, um den Pudding zu beschweren, und die Form mindestens 8 Stunden in den Kühlschrank stellen.

Den Pudding in eine Servierschüssel stürzen und mit dem beiseitegestellten Saft eventuelle weiße Brotstellen beträufeln. Mit Schlagsahne servieren.

Schokoladencreme

Desserts

Zutaten für 4–6 Personen

- 200 g Bitterschokolade (mindestens 70 % Kakaogehalt), zerkleinert
- 1½ EL Orangensaft
- 3 EL Wasser
- 2 EL Butter, gewürfelt
- 2 Eier, getrennt
- 1 Msp. Weinstein
- 3 EL brauner Zucker
- 100 g Schlagsahne
- Orangenzesten, zum Garnieren

Pistazien-Orangen-Krokant

- Sonnenblumenöl, zum Einfetten
- 60 g brauner Zucker
- 60 g Pistazien, geschält
- fein abgeriebene Schale von 1 großen Orange

So geht's

Die Schokolade mit Orangensaft und Wasser in einem Topf auf niedriger Stufe unter Rühren schmelzen. Vom Herd nehmen und die Butter unterrühren. Die Mischung in eine Schüssel umfüllen. Das Eigelb verquirlen und unter die Mischung rühren. Beiseitestellen.

Das Eiweiß in einer Schüssel mit dem Weinstein aufschlagen. Den Zucker löffelweise zugeben und kräftig rühren, bis sich eine glänzende Baisermasse ergibt. 1 Esslöffel davon in die Schokoladenmischung rühren, dann den Rest unterheben.

In einer weiteren Schüssel die Sahne aufschlagen, bis sich weiche Spitzen bilden, nicht steif schlagen. Die Schokoladenmischung unterheben und in Weingläser füllen. Mit Frischhaltefolie abdecken und mindestens 4 Stunden in den Kühlschrank stellen.

Für den Krokant ein Backblech mit Öl einfetten und beiseitestellen. Zucker und Pistazien in einem Topf bei mittlerer Stufe erhitzen. Wenn der Zucker zu schmelzen beginnt, rühren, bis sich flüssiger Karamell bildet. Auf das Backblech streichen und mit der Orangenschale bestreuen. Gut aushärten lassen und nach Wunsch grob hacken oder fein mahlen. Die Creme mit dem Krokant bestreuen und mit den Orangenzesten garnieren.

Mascarponecreme

Desserts

Zutaten für 4 Personen

- 120 g Amaretti, zerkrümelt
- 4 EL Amaretto oder Maraschino
- 4 Eier, getrennt
- 50 g feiner Zucker
- 250 g Mascarpone
- geröstete Mandelblättchen, zum Dekorieren

So geht's

Die Amarettikrümel in eine Schüssel geben, mit Amaretto vermengen und zum Durchziehen beiseitestellen.

Unterdessen Eigelb und Zucker schaumig schlagen. Mascarpone und Amarettikrümel sorgfältig unterheben.

Das Eiweiß in einer sauberen Schüssel steif schlagen und unter die Mascarponemischung heben. Die Creme auf vier Dessertschalen verteilen und 1–2 Stunden kalt stellen. Vor dem Servieren mit Mandelblättchen garnieren.

Gebackene Honig-Aprikosen

Desserts

Zutaten für 4 Personen

- Butter, zum Einfetten
- 4 Aprikosen, halbiert und entsteint
- 4 EL gehobelte Mandeln
- 4 EL flüssiger Honig
- 1 Prise gemahlener Ingwer oder geriebene Muskatnuss
- Vanilleeis, zum Servieren

So geht's

Den Backofen auf 200 °C vorheizen. Eine große Auflaufform, in die alle Aprikosenhälften in einer Lage passen, leicht mit Butter ausstreichen.

Die Aprikosenhälften mit den Schnittflächen nach oben in die Form legen. Mit den Mandeln bestreuen, mit dem Honig beträufeln und mit dem Gewürz bestäuben.

Im Ofen 12–15 Minuten backen, bis die Aprikosen weich und die Mandeln goldfarben sind. Aus dem Ofen nehmen und sofort mit Vanilleeis servieren.

Blaubeertörtchen

Desserts

Zutaten für 2 Stück

- 4 Blätter Filo-Teig
- Raps- oder Pflanzenöl im Ölzerstäuber
- 200 g Mascarpone
- 1 TL Honig
- 1 EL fein abgeriebene Zitronenschale
- 3 EL Zitronensaft
- 1 TL feiner Zucker
- 100 g frische Blaubeeren

So geht's

Den Backofen auf 180 °C vorheizen. Mit einem Teller als Vorlage vier Kreise mit einem Durchmesser von 14 cm aus den Filo-Teigblättern ausschneiden. Die Teigkreise leicht mit Öl besprühen und zwei Törtchenformen (10 cm Ø) mit je zwei Kreisen auslegen. Den Teig in die Kanten drücken und die Böden mit einer Gabel einstechen.

Je eine Ramequin-Form in die Mitte der Böden stellen, um zu verhindern, dass der Filo-Teig hochgeht. Im Ofen 5 Minuten backen. Dann die Ramequin-Formen entfernen und die Törtchen weitere 4–5 Minuten backen. Aus dem Ofen nehmen und in den Formen abkühlen lassen. Anschließend in einer luftdichten Dose aufbewahren, damit der Teig knusprig bleibt.

Den Mascarpone in einer kleinen Schüssel mit dem Honig verrühren.

Zitronenschale und -saft mit dem Zucker in einem kleinen Topf auf niedriger Stufe erhitzen, bis die Flüssigkeit eingekocht ist. Die Blaubeeren zugeben und mit einem Löffel umrühren, sodass die Beeren vom Sirup umhüllt werden. Vom Herd nehmen und warm halten.

Die Törtchen auf Teller setzen, je 1 Esslöffel Mascarponecreme hineingeben und die warmen Blaubeeren darübergeben.

Sorbet mit Sesamtalern

Desserts

Zutaten für 6 Personen

Sorbet
- 100 g getrocknete Aprikosen
- 250 ml Wasser
- 2 EL frisch gepresster Zitronensaft
- 2 EL frisch gepresster Orangensaft
- 100 g Passionsfruchtfleisch, durch ein Sieb passiert, um die Kerne zu entfernen

Sesamtaler
- 1 EL Sesamsaat
- 1 EL Glukosesirup
- 3 EL feiner Zucker
- 2 EL Mehl

So geht's

Den Backofen auf 180 °C vorheizen. Die Aprikosen mit dem Wasser aufkochen. Die Hitze reduzieren und 10–15 Minuten köcheln. Vom Herd nehmen und mit dem Kochwasser in einem Mixer pürieren. Die Säfte sowie 3 Esslöffel Passionsfruchtfleisch einarbeiten.

Weitere 2 Esslöffel Passionsfruchtfleisch zugeben und gut mixen. Die Masse in einen Gefrierbehälter umfüllen und 20 Minuten gefrieren. Den Behälter herausnehmen, das Sorbet verrühren und weitere 2 Stunden gefrieren, bis es vollständig gefroren ist. Dabei alle 20 Minuten verrühren.

Den Sesam in einer Pfanne bei hoher Hitze anrösten. Vom Herd nehmen, Glukosesirup, Zucker und Mehl zugeben und vermengen, bis eine klebrige Masse entsteht. Aus der Pfanne nehmen und abkühlen lassen. Aus der Paste eine Rolle formen und in 16 Scheiben schneiden. Jede Scheibe zu einer Kugel rollen und auf einem mit Backpapier ausgelegten Backblech flach drücken.

Im Ofen 6 Minuten backen. Auf einem Kuchengitter abkühlen lassen. Mit einem Eislöffel Sorbetkugeln in Schalen geben und das restliche Passionsfruchtfleisch darüber verteilen. Mit den Sesamtalern servieren.

Bananen-Toffee-Törtchen

Desserts

Zutaten für 4 Personen

Teig
- 100 g Butter, zerlassen, plus etwas mehr zum Einfetten
- 150 g Grahamkekse, zerkrümelt
- 30 g geschälte Mandeln, geröstet und gemahlen
- 30 g geschälte Haselnusskerne, geröstet und gemahlen

Füllung
- 3 Dosen gezuckerte Kondensmilch (à 400 g)
- 4 Bananen, in Scheiben
- Saft von ½ Zitrone
- 5 Tropfen Vanillearoma
- 100 g Bitterschokolade, geraspelt
- 450 g Schlagsahne, steif geschlagen

So geht's

Für die Füllung die ungeöffneten Kondensmilchdosen in einen großen Topf stellen, mit Wasser bedecken und zum Kochen bringen. Die Hitze reduzieren und 2 Stunden köcheln lassen. Die Dosen sollten immer mit Wasser bedeckt bleiben. Aus dem Wasser nehmen und abkühlen lassen.

Den Backofen auf 180 °C vorheizen. Vier Minispringformen (12 cm Ø) mit Butter einfetten. Für den Teig die Butter in eine Schüssel geben und mit Kekskrümeln, Mandeln und Haselnüssen sorgfältig mischen. Die Masse gleichmäßig in die Formen streichen und etwa 10–12 Minuten im Ofen backen. Abkühlen lassen.

Für die Füllung die Bananen in eine Schüssel geben, mit Zitronensaft und Vanillearoma beträufeln und vermengen. Die Bananen gleichmäßig auf den Teigböden verteilen und mit dem Toffee aus den abgekühlten Kondensmilchdosen bedecken. Mit zwei Dritteln der Schokolade bestreuen und die Sahne daraufstreichen. Mit der restlichen Schokolade bestreuen. Die Törtchen aus den Formen lösen und zimmerwarm servieren.

Register

In dieser Reihe erhältlich: